Conheça outros títulos da
Coleção Auto-estima

Faça o seu coração vibrar, de Osho

O poder das afirmações positivas, de Louise Hay

A essencial arte de parar, de David Kundtz

Descobrindo a alegria de viver, de Salle Merril Redfield

Histórias para aquecer o coração dos pais,
de Jack Canfield, Mark Victor Hansen, Jeff Aubery
e Mark & Chrissy Donnelly

Histórias para aquecer o coração dos adolescentes,
de Jack Canfield, Mark V. Hansen e Kimberly Kirberger

Hebe
amiga, irmã confidente
com todo sentimento fraternal
almejo que tua vida volte a te
mostrar beleza, natureza e tudo mais
que temos à nos cercar.
08/08/08
Nadja
A vida continua...

Morrie Schwartz

Lições sobre AMAR e VIVER

Reflexões do professor de *A última grande lição*

SEXTANTE

Título original: *Morrie in His Own Words*

tradução
Waldéa Barcellos

preparo de originais
Regina da Veiga Pereira

revisão
Antonio dos Prazeres
Sérgio Bellinello Soares

projeto gráfico e diagramação
Valéria Teixeira

capa
Miriam Lerner

fotolitos
RR Donnelley

impressão e acabamento
Bartira Gráfica e Editora S/A

CIP-BRASIL. CATALOGAÇÃO-NA-FONTE
SINDICATO NACIONAL DOS EDITORES DE LIVROS, RJ

D4271 Schwartz, Morrie S.
Lições sobre amar e viver: reflexões do professor de A última grande lição / Morrie Schwartz; tradução de Waldéa Barcellos. – Rio de Janeiro: Sextante, 2005.

Tradução de: Morrie in his own words
ISBN 85-7542-157-3

1. Schwartz, Morrie S. – Saúde 2. Esclerose amiotrófica lateral – Pacientes – Estados Unidos. 3. Doentes terminais – Psicologia. 4. Ajustamento (Psicologia). I. Título.

05-0253. CDD 362.19683
CDU 364.262

GMT Editores Ltda.
Rua Voluntários da Pátria, 45 – Gr. 1.404 – Botafogo
22270-000 – Rio de Janeiro – RJ
Tel.: (21) 2286-9944 – Fax: (21) 2286-9244
E-mail: atendimento@esextante.com.br
www.sextante.com.br

Sumário

Introdução

Paul Solman

Seu nome: Morris Schwartz. "Mas pode me chamar de Morrie", insistia ele, até mesmo ao falar com Ted Koppel, que em 1995 fez sua vontade em três especiais do *Nightline*, famoso programa de televisão com entrevistas de meia hora que ajudaram esse velho sábio a se tornar um símbolo nacional.

As razões de Morrie para aparecer numa rede de televisão eram tão diretas quanto ele mesmo. Aos setenta e oito anos de idade, mais cheio de vida do que nunca, Morrie estava morrendo – de uma doença degenerativa conhecida como esclerose lateral amiotrófica (ELA), ou doença de Lou Gehrig. E, embora fosse de fato uma pessoa bastante humilde, Morrie percebeu que poderia usar a mídia para um feito final numa vida cheia de realizações: arrancar a morte do seu esconderijo, ajudar as pessoas a falar abertamente sobre doenças, deterioração e o final que todos nós teremos.

"Aprendam a viver", escreveu Morrie, "e saberão morrer. Aprendam a morrer e saberão viver." A mensagem de Morrie não era apenas para as pessoas doentes e para quem convive com elas, mas também para as pessoas saudáveis. Era seu modo de encarar o mundo, um ponto de vista que ele expressou no *Nightline*, em um artigo no *Boston Globe*, em rádio e televisão, atingindo todo o país.

E as pessoas foram enormemente receptivas. Morrie tocou num ponto sensível. Centenas de espectadores, ouvintes e leitores lhe escreveram – em busca de conselhos, de conforto, mas principalmente para agradecer por ter dado voz a questões com as quais eles vinham lutando em silêncio.

Afinal, ali estava um homem com uma doença que destrói, sem exceção, a capacidade dos nervos de mandar sinais aos músculos. Os músculos param de funcionar e se atrofiam, no caso de Morrie começando pelas pernas. E então a pessoa morre.

Mas a atitude de Morrie diante da sentença de morte foi criar uma espécie de velório em vida. Um velório alegre. Ele assistia a filmes dos Irmãos Marx, mergulhava em todo o humor que pudesse encontrar. Fazia com que os amigos soubessem que ele gostaria que fossem visitá-lo. E começou a escrever os aforismos que compõem o núcleo deste livro.

O livro é, em certo sentido, o testamento definitivo de Morrie – de como viver apaixonadamente mantendo a serenidade até o final. À medida que ele ia perdendo a força muscular, passou a escrever os aforismos cada vez mais devagar e com a letra mais irregular, mas com uma convicção sempre mais firme. De início, achou que eles se sustentariam sozinhos, sem maior elaboração. Chegou, porém, à conclusão de que a maioria dos leitores precisa de ajuda para pô-los em prática. Os aforismos estão redigidos como instruções taquigráficas. São mantras que, por si mesmos, podem parecer tão assustadores quanto profundos.

"Lamente-se e chore por si mesmo não uma vez ou duas, mas repetidamente", escreve Morrie.

Mas como? Nós não somos todos Morries. A maioria de nós não sabe por que deveria se lamentar e chorar, nem sabe como fazer isso.

E assim Morrie começou a ditar os comentários biográficos que acompanham os aforismos – na tentativa de ensinar aos leitores como ele mesmo chegou aos aforismos, como pretendia que as pessoas os entendessem e, acima de tudo, na tentativa de ajudar os leitores a aplicarem os aforismos e a interiorizá-los.

As gravações foram realizadas ao longo de alguns meses, e às vezes o esforço era enorme. No final, lutando para tossir a fim de liberar a secreção que o sufocava, Morrie só podia ficar olhando quando o microfone escorregava do seu peito, e esperar que ele voltasse a ser colocado no lugar. No entanto, quanto mais gravávamos, tornava-se mais aparente não só que os aforismos eram viáveis, mas que faziam parte de algo muito maior. Morrie tinha uma visão de mundo coerente, que viera desenvolvendo ao longo da maior parte da sua vida e que somente agora estava expressando como um todo. Expressá-la poderia parecer piegas para alguns, mas de uma familiaridade reconfortante para outros. Não faz diferença. Para Morrie, a vida era um processo de abertura amorosa – para as outras pessoas, para o mundo, finalmente para algo maior do que nós mesmos. Até o último momento, Morrie esteve cheio de assombro e alegria. O modo como viveu seu último ano foi a última lição desse grande mestre.

Os aforismos derivam da sua visão de mundo que, por sua vez, deriva da biografia de Morrie. Por isso, é útil saber algo a respeito dele antes de ler o texto.

Um ruivo sardento e baixinho, filho de imigrantes judeu-russos, nascido em Chicago e criado num gueto em Nova York, Morrie se vestia "como um joão-ninguém, com calças curtas que iam até o joelho", como ele mesmo se descreveu numa das suas últimas entrevistas. Lembrou-se de que era "sempre meio animado, mas triste por dentro". Isso porque sua mãe faleceu quando ele estava com oito anos, o que fez com que o menino se retraísse.

– Eu sentia uma grande vulnerabilidade – disse ele –, como se algo precioso pudesse me ser arrancado a qualquer instante.

Crescer sem a mãe deixou Morrie sensível à perda e à necessidade dos outros. Uma madrasta amorosa, que adorava tanto Morrie quanto seu irmão mais novo, instilou nele uma compaixão pelos outros, associada a uma paixão por aprender.

Morrie conseguiu entrar para o City College de Nova York, uma escola gratuita. Tendo sido dispensado do serviço militar na Segunda Guerra Mundial em decorrência de um tímpano perfurado, resolveu tentar uma pós-graduação. Ficou indeciso entre a sociologia e a psicologia.

– Eu sempre senti interesse pela psicologia – disse ele. – O que pesou mais foi que a psicologia envolvia o trabalho com ratos. – Acabou estudando sociologia na Universidade de Chicago.

Ao ler autores como Carl Rogers, Harry Stack Sullivan e Martin Buber, Morrie sintonizou com sua filosofia: abra-se totalmente para aquilo que esteja realmente sentindo. A ênfase não era exclusivamente no indivíduo, como queria a psicologia, nem estritamente na sociedade, como a palavra "sociologia" sugere. Em vez disso, Morrie foi atraído para a ligação entre as duas: um campo emergente conhecido como psicologia social.

Com o primeiro emprego de Morrie veio sua primeira revelação, pois para poder trabalhar num projeto de pesquisa num hospital psiquiátrico precisou submeter-se à psicanálise.

– Comecei a compreender o pleno impacto da morte da minha mãe e a lamentar essa perda – disse ele na sua última entrevista. Morrie descreveu a terapia como "catártica". Foi sua primeira experiência de olhar para si mesmo com distanciamento, de tornar-se testemunha de si. Como os aforismos deixam claro, essa veio a ser uma técnica essencial para ele lidar com a morte.

Em colaboração com Alfred H. Stanton, Morrie começou a trabalhar na enfermaria de um hospital psiquiátrico não-tradicional, vendo os perturbados e os atormentados, observando os funcionários e suas relações com os pacientes. O que lhe causou impacto foi a enorme influência que as atitudes das pessoas ao redor exerciam sobre os doentes. Morrie estava lá para observar e para conversar com todos – mesmo com aqueles que estivessem sozinhos de cócoras nos cantos. Ele se relacionava com eles com gentileza, com humildade. Abria seu coração da melhor forma possível. Aos poucos, os pacientes foram se tornando mais receptivos. A importância de o indivíduo se abrir para o outro, não importa quem seja, e o impacto da comunidade sobre o indivíduo tornaram-se claros para ele.

O livro que resultou da pesquisa, *The Mental Hospital* (O hospital psiquiátrico), de autoria de Stanton e Schwartz, tornou-se um clássico da psicologia social, tendo influenciado toda uma geração de terapeutas. Pouco tempo depois da publicação do livro, foi oferecido a Morrie um cargo de professor na Universidade Brandeis. Ao longo de quase quatro décadas, até um ano antes da sua morte, ele continuou a ser um observador-participante. Seu curso de graduação sobre "processo de grupo" era um laboratório anual em que o aluno aprendia a não ter preconceitos, a se ver como parte de uma comunidade e a se abrir para ela. Em suma, Morrie passou o resto da sua vida praticando o que havia começado a pregar.

Ele teve ajuda. À mulher e aos dois filhos, ele atribuía sua capacidade de suprimir o ego, de compreender que os outros podem ser até mais importantes para você do que você mesmo.

À Estufa, uma comunidade e organização psicoterápica de baixo custo que formou com amigos e colegas na década de 1960, ele atribuía sua capacidade de lamentar as perdas, começando com a da sua mãe e terminando com a de si mesmo.

Aos colegas do departamento de sociologia de Brandeis, ele dava o crédito por sua constante defesa dos oprimidos, por sua política de inclusão e igualdade.

Morrie agradecia até mesmo à asma, doença que o afligiu relativamente tarde na vida e que, dizia ele, o ensinou a se distanciar do pânico de morrer (ou de parecer que se está morrendo), enquanto lutava para respirar.

Quase chegando aos 70 anos, Morrie embarcou na última etapa do caminho. Aprendeu a meditar. Para ele, era uma extensão da prática da psicoterapia – o distanciar-se de si mesmo, o aprender a viver o momento, o abrir-se para o universo como um todo. Foi, em certo sentido, o início da sua "prática espiritual", como essa expressão costuma ser empregada. Em outro sentido, foi o clímax de uma prática espiritual que Morrie iniciara décadas antes.

É da jornada de Morrie que derivam os aforismos, em torno dos quais este livro se formou. Desde Esopo até Nietzsche, passando por Jesus, as percepções profundas têm um lugar de honra na cultura mundial. Na era da televisão e da informação fragmentada, as pessoas às vezes ironizam as falas curtas, chamando-as de "pílulas". Morrie não teria se preocupado com isso. Ele considerava essas mensagens alimento para a alma. Para todas as almas.

Morrie faleceu tranqüilamente em casa, em 4 de novembro de 1995.

Paul Solman foi aluno de Morrie Schwartz em Brandeis.

Parte I

Compreendendo onde nos encontramos agora

A vida com limitações físicas

Sempre que ocorre uma redução de uma capacidade física, ela parece ter chegado antes da hora. Espere essa reação. Ao se preparar mentalmente para ela, talvez você possa amenizar seu impacto.

Quando soube que tinha ELA, em 1994, disse a mim mesmo: "Vou morrer, ou vou viver?" Com isso, eu queria dizer: será que vou me retrair, como muitas pessoas provavelmente fazem, e desistir do mundo porque ele está sendo tão horrível comigo agora, ou vou viver? Resolvi que ia viver. Mas será que poderia viver do jeito que queria, com dignidade, coragem, humor, com capacidade para me relacionar com os outros? Eu não tinha certeza se ia conseguir, mas disse que ia me esforçar ao máximo. Tomei a firme resolução de reunir minhas forças para me permitir viver com serenidade e, até agora, estou conseguindo.

Desde então, assisti à deterioração de muitas das minhas funções físicas à medida que os nervos do meu corpo vão aos poucos matando de fome meus músculos. Está ficando cada vez mais difícil o ato de me alimentar. Quando me barbeio de manhã e quando como, percebo que não consigo levantar minha mão até onde é necessário. É como se eu tivesse um peso enorme nas mãos.

O ato de engolir está mais difícil agora também. Eu tusso muito. Às vezes, preciso mastigar o alimento inúmeras vezes para conseguir que ele desça, e não sei por quanto tempo ainda vou poder obter nutrição suficiente sem precisar de uma sonda gástrica. Foi duro quando tive de me adaptar a não ser mais capaz de andar, mas a dificuldade de deglutição é de fato a primeira grande perda para mim. A segunda é a fala. Quando faço o som de "ou", ele fica preso na garganta. E minha fala está um pouco arrastada. Este é um dos sinais de que estou perdendo minha voz.

A vida inteira sempre contei com a fala. Essa perspectiva está tão enraizada em mim que, quando preciso enfrentar a possibilidade de não falar, o choque é tremendo. Por isso, agora estou dizendo a mim mesmo: "Como vai ser quando eu não puder me expressar? Quando não puder dar uma ordem, pedir alguma coisa ou dizer algo que esteja no meu coração ou na minha cabeça?" Não sei como vai ser. Mas vou descobrir um meio de tirar vantagem do silêncio porque talvez esse seja o caminho para realmente ouvir a si mesmo.

Vai ser um desafio interessante. Já estou dizendo à família e aos amigos: "Vocês vão me dizer quais são seus pensamentos e sentimentos, e perceberão minha resposta. Não vou conseguir expressá-la em palavras, mas vocês a verão no meu rosto." Meu rosto, creio eu, ainda terá muita mobilidade e deverá continuar expressivo. No entanto, se eles quiserem debater algum assunto e ter acesso às minhas idéias ou à minha ajuda, terão de elaborar grande parte do que disserem como perguntas às quais eu possa responder com um código de sim ou não. É assim que estou preparando a futura perda da minha fala. Espero descobrir outros meios e mecanismos quando chegar a hora.

Não creio que tentar prever a redução das nossas capacidades consiga nos deixar totalmente preparados para ela – não há nada que tenha a intensidade da experiência concreta dessas perdas. Pode-se pensar no que poderia acontecer, no que se gostaria de fazer e assim por diante, mas, até chegar de fato a hora, não se teve a experiência.

E é ela que faz a diferença quanto ao que se irá fazer e como. Sem dúvida, ficarei deprimido durante algum tempo. Por quanto tempo, não sei, mas essa é minha reação normal. E depois – dois ou três dias mais tarde – talvez eu comece a recuperar o ânimo.

Qualquer que seja a capacidade que sintamos estar perdendo, seja a de caminhar, conversar, seja a da perspicácia mental que tínhamos antes, quanto mais conseguirmos prever seu impacto, mais fácil será nossa adaptação.

Aceitar a nós mesmos, a nossa condição física e o nosso destino tal como estão no momento presente.

Li recentemente um livro valioso intitulado *Betrayal of the Body* (Traição do corpo), de Alexander Lowen, M.D. Sua idéia é que nós achamos que nosso corpo deveria ser perfeito ou pelo menos deveria apresentar um alto nível de funcionamento o tempo todo. Quando isso não acontece, sentimo-nos traídos por ele como se houvesse algum mandamento oficial de que sempre teremos saúde e nosso corpo sempre será obediente. Suspeito que este seja um meio de nos convencermos da nossa imortalidade. Não aceitamos plenamente a idéia de que somos mortais, vulneráveis, de que na realidade a qualquer momento poderemos ser derrubados.

Saiba que fazer as coisas vai ser mais difícil e demorar mais. Prepare-se para fazer as coisas de um jeito diferente daquele de antes.

Quando comecei a perder a força nas pernas, eu estava despreparado para a gravidade do enfraquecimento, até que acabei estatelado no chão. Meu irmão me acompanhava e havia estacionado o carro junto ao meio-fio do prédio no qual eu ia entrar para um tratamento de acupuntura. Saltei do carro como se tivesse firmeza nos meus pés, o que não tinha. Estava com uma bengala, mas àquela altura não pude usá-la com eficácia. Antes que eu me desse conta, estava deitado na calçada.

A restrição à minha mobilidade me ensinou que preciso refrear meus impulsos. Sou um cara muito impulsivo – não tanto em termos psicológicos, mas em termos de comportamento. Vejo uma coisa, quero apanhá-la. Agora tenho de dominar meus impulsos, além de redefinir o que me é possível e o que não é. É para mim uma grande lição porque toda a minha vida fui muito ágil, muito rápido e, eu diria, muito flexível, sempre procurando realizar os atos físicos que desejava. Isso não posso mais fazer. Para absolutamente todas as atividades – desde ir para a cama ou sair dela até sentar-me no vaso – preciso ser levado de um lado para o outro.

Foi muito difícil a adaptação à perda da mobilidade, à perda da liberdade. Mas foi também um desafio fantástico, o de aprender a inibir meus impulsos. É esse tipo de flexibilidade mental que se precisa adotar – a capacidade de perceber e escolher modos alternativos de fazer as coisas.

Obtenha toda a ajuda possível quando precisar.

Há uns dois anos, um amigo meu, que estava com seus 85 anos, se preparava para atravessar a rua num dia chuvoso. Um jovem ofereceu-se para ajudá-lo na travessia. Meu amigo recusou a ajuda e foi atingido por um carro, um acidente que acabou provocando sua morte. Apesar da idade, ele ainda estava procurando afirmar sua independência, sem permitir a si mesmo dizer: "É, preciso da ajuda dessa pessoa."

As pessoas recusam ajuda porque acham que seu amor-próprio

está ligado ao fato de serem "independentes". Receamos que, de um modo ou de outro, sejamos inferiorizados porque precisamos, queremos e desejamos a ajuda de outra pessoa. Isso vem da nossa cultura independente, individualista. Temos a impressão de que deveríamos ser como um caubói mítico. Livres, desembaraçados, capazes de encarar e conquistar qualquer coisa e de viver no mundo sem sentir necessidade de outras pessoas. O típico Cavaleiro Solitário.

Essa é uma imagem que muitos adotam, especialmente os homens. Eles não se permitem desenvolver um sentido de suas necessidades interpessoais. Para mim, isso é muito infeliz. Pois precisamos uns dos outros mais do que sabemos.

Na realidade, essas carências são muito importantes tanto nos níveis emocional e psicológico quanto no físico. No entanto, temos a tendência de evitar expor essas carências, como se fossem uma praga. A meu ver, faz muito mais sentido ser franco quanto às suas necessidades e ter consciência de que você precisa dos outros, exatamente como eles precisam de você.

A atitude da pessoa que oferece ajuda pode ter um impacto positivo ou negativo na receptividade ao oferecimento. Seguem-se algumas sugestões para a eventualidade de você estar visitando alguém que precise de ajuda ou cuidando dessa pessoa.

Em primeiro lugar, não se ofereça para fazer algo se no fundo não quiser fazê-lo, porque seu parente ou pessoa amada provavelmente captará seus sentimentos e terá uma dificuldade maior para aceitar sua ajuda sem sentir raiva ou humilhação. Se lhe pedirem que faça algo que seja muito inconveniente ou desagradável para você, seja franco a respeito dos seus motivos para recusar. Se possível, ajude a criar um modo alternativo para que a tarefa seja realizada por outra pessoa.

Procure não tratar a pessoa amada com luvas de pelica. Seja claro ao lhe perguntar se precisa de ajuda. Se você perceber que a pessoa está tendo dificuldades para desfazer um embrulho, ofereça-se para abri-lo sem fazer muito alarde. Seja prático na sua atitude, quando for adequado.

Tenha consideração e observe os limites costumeiros das boas maneiras sempre que possível. Por exemplo, não levante a cabeça do seu amigo, nem comece a afofar o travesseiro sem pedir permissão. Não importa o grau de incapacidade do paciente, ele vai querer saber que você ainda respeita sua autonomia.

Não se deixe dominar por preocupações com seu corpo ou sua doença. Reconheça que seu corpo não é seu eu total, somente parte dele.

Quando se tem uma doença grave (e estou falando por experiência própria), é muito fácil ficar absorto em preocupações com o corpo e a doença. Eu costumava orientar grupos de terapia e, num deles, havia um homem com uma doença que ele jamais identificou para o grupo. No entanto, cada vez que o grupo se reunia, ele só se queixava da doença, de como ela era debilitante e difícil – como era impossível para ele. E não parava de falar. Ele não só contribuía para sua própria infelicidade ao se queixar da doença, mas também estava perturbando todos os outros integrantes do grupo. Finalmente, eles o rejeitaram.

Sei que não é fácil concentrar a atenção em algum outro ponto quando é o *seu* corpo que dói. Mas é importante tentar. O excesso de preocupação com sua enfermidade faz de você um prisioneiro do seu corpo porque, nesse caso, o corpo está ditando toda a sua vida. Por sua vez, toda a sua vida começa a girar em torno do ferimento, da disfunção ou da deficiência. Há modos mais saudáveis e agradáveis de despender seus esforços e sua energia.

Quando se sofre uma lesão no corpo, tem-se a tendência a considerá-la uma lesão no eu. Para mim, foi muito importante esclarecer para mim mesmo que meu corpo é somente parte de quem eu sou. Somos muito maiores do que a soma das nossas partes físicas. Nosso modo de ver o mundo é moldado pelos nossos valores e pelos nossos pensamentos sobre o bem e o mal, aspectos que contribuem para nos fazer quem somos. Temos emoções, percepções profundas e intuições.

Meu argumento é que, desde que disponhamos de outras faculdades – as emocionais, psicológicas, intuitivas –, não estamos perdidos nem mesmo inferiorizados. Não sinta vergonha por ter limitações ou disfunções físicas. Não pense que você é inferior em decorrência das suas condições físicas. Na realidade, sinto que agora sou ainda mais eu mesmo do que antes de sofrer dessa doença, porque pude superar muitas das limitações psicológicas e emocionais que eu tinha antes que a ELA se manifestasse.

ADMINISTRANDO A FRUSTRAÇÃO

Saiba que as coisas serão inacessíveis,
irrealizáveis, inatingíveis. Quando elas se tornarem
assim, não sinta muita frustração nem raiva.
Se sentir, que seja por pouco tempo.

Falando simplesmente, a frustração resulta da inibição de um impulso ou do fracasso em atingir o objetivo quando se obedece ao impulso. Por exemplo, quero um lápis porque estou com vontade de escrever uma pequena anotação a respeito de algum assunto, mas o lápis está fora do meu alcance. Quero o lápis, mas, como não consigo movimentar meu corpo o suficiente para conseguir alcançá-lo, nem tento. Minha frustração deriva não do fato de não poder alcançá-lo, mas de ser impedido de agir de acordo com meu impulso. Se o lápis estivesse perto o suficiente, de modo que eu quase pudesse tocá-lo, eu faria a tentativa e, se ele continuasse fora do meu alcance, ficaria frustrado com o insucesso dos meus esforços. Seja como for, minha frustração é agravada pelo fato de que, sem o lápis, não posso escrever o que quero. Em vez de me irritar mais com a redução da minha mobilidade, corto a frustração na raiz pedindo a alguém que entre na sala e me entregue o lápis.

As frustrações físicas já são bastante desagradáveis, mas aposto que não há uma pessoa que esteja lendo este livro (qualquer que seja a idade ou o estado de saúde) que não tenha se sentido bloqueada por uma incapacidade de se lembrar de uma palavra ou de um nome que ela soubesse. Para mim, funciona da seguinte forma:

estou no meio de uma frase e me falta aquela palavra exata. Não consigo pensar nela. Fico muito frustrado. No entanto – e esse é o xis da questão –, se eu esperar e não lutar para forçá-la a vir à tona, geralmente a palavra aparece. Já passei por essa situação com freqüência suficiente para saber que com o tempo vou me lembrar, mas o caso é que quero que ela me ocorra agora.

Essa é uma característica básica da frustração. Quero o que quero na hora em que quero. Quando não consigo, fico frustrado. Mas, se eu não exigir que meu desejo se realize naquele exato momento, a frustração é reduzida, e o objetivo ainda será alcançado, embora leve algum tempo.

Saiba que situações frustrantes vão ocorrer
à medida que sua doença evoluir ou se manifestar.
Desenvolva uma abordagem para lidar com suas
emoções quando isso acontecer.

Pedir ajuda quando se precisa é uma das melhores formas de evitar o excesso de frustração em qualquer situação de vida, sobretudo quando uma doença se agrava. A paciência é outra forma. Portanto, quando não consigo encontrar a palavra que quero, digo a mim mesmo para esperar até que ela me ocorra. É preciso desenvolver uma atitude alternativa em resposta ao que possa estar nos perturbando.

Suponhamos que eu queira um copo d'água e que não haja ninguém por perto para apanhá-lo para mim. Meus braços estão fracos demais para eu poder levar a cadeira de rodas até a cozinha e encher o copo sozinho. Qual é a alternativa? Bem, vou ter de desistir de querer a água. Vou me contentar em ficar sem ela. Às vezes, isso é muito difícil. Outras vezes, não tanto. Mas, se você não aprender a administrar essas frustrações, elas se acumularão e você se descobrirá vivendo num estado de nervosismo constante.

Para seu próprio bem, não torne sua vida mais difícil do que ela precisa ser.

Fique alerta para regressões emocionais, espirituais ou comportamentais quando estiver mais vulnerável. Procure evitar, minimizar ou interromper sua regressão.

A frustração surge com facilidade quando estamos em condições vulneráveis em termos físicos ou emocionais, especialmente quando estamos cansados, insones ou ansiosos. Nessas horas vem a tentação de regredir e ter um acesso de raiva quando não conseguimos o que queremos. Mas não somos bebês e temos o dever para com nós mesmos e para com os que nos cercam de manter nossa compostura, mesmo quando nos sentimos exaustos, preocupados ou inseguros.

Isso não quer dizer que você deva recalcar seus sentimentos. Pelo contrário, é preciso que se expresse com regularidade. Esteja alerta, porém, para observar como seu atual estado mental influencia sua atitude diante das pessoas e das situações. Se estamos nervosos à espera de resultados de exames, pode ser que tenhamos o pavio curto diante de algum atraso com uma refeição ou se um amigo ligar cancelando uma visita. Quando você estiver sob um estresse extraordinário, preste ainda mais atenção do que de costume ao que diz, para não descontar sua frustração nos outros. Se chegar a agir de uma forma que você sabe ter sido inadequada ou ferina, tome a iniciativa e peça desculpas.

Seja franco com os que lhe são próximos. Faça com que eles saibam que você está de mau humor e, se possível, seja claro quanto àquilo que o está incomodando. Quem sabe, se lhes disser que está cansado por não ter dormido bem, eles podem se oferecer para lhe fazer uma massagem relaxante ou para ler algum texto tranqüilizador? Se você estiver ansioso em decorrência de uma mudança em seu estado físico, fale sobre isso com um parente ou amigo. Em qualquer circunstância da vida, se você for a pessoa que está ouvindo o desabafo do outro, não pense que seu amigo ou parente querido está recorrendo a você em busca de respostas ou soluções. Com freqüência, o fato de você demonstrar compreensão ao ouvi-lo já fará com que ele se sinta melhor.

Quando você estiver totalmente frustrado ou furioso, expresse esses sentimentos. Não é preciso ser simpático o tempo todo – só a maior parte do tempo.

Quando estamos frustrados e irados, não deveríamos ter medo de expressar nossa raiva, embora não necessariamente dirigida a alguma outra pessoa. Podemos praguejar baixinho, entre dentes, ou mesmo em voz alta, se a situação permitir. Manifestar nossos sentimentos não é incompatível com a manutenção da compostura. Na realidade, expressar sentimentos negativos periodicamente ajuda a amenizar a frustração a longo prazo. É saudável queixar-se, demonstrar raiva ou chorar às vezes. Quando expresso minha raiva em voz alta diante de pessoas que compreendem, é ótimo ter alguém que se dispõe a ouvir com atenção minhas queixas exatamente como são, sem me aconselhar: “Ora, não diga uma coisa dessas” ou “Você não é mais criança para agir assim”.

Quando estou zangado e cheio de queixas, quero estar zangado e cheio de queixas. Descobri que as queixas e a franqueza acerca da minha frustração são uma catarse. Sei que esse meu estado de espírito não vai durar muito e que logo voltarei ao meu eu habitual. Isso é muito melhor do que censurar meus sentimentos e deixar que eles me corroam por dentro.

Se você não tiver alguém que se disponha a ouvir suas reclamações sem se perturbar nem adotar uma atitude de censura, escreva sobre sua raiva ou dite num gravador. Pode-se conseguir um distanciamento e perspectiva ao escrever sobre a situação pela qual se está passando. Quando escrevo a respeito das minhas experiências, elas parecem assumir um lugar exterior a mim no papel. Quando leio sobre elas, é como se os acontecimentos estivessem ocorrendo com outra pessoa, e consigo olhar para essa "outra pessoa" com maior objetividade.

O humor também pode ser útil para desarmar a frustração. Ele nos ajuda a ser mais objetivos a respeito da nossa situação. Procure se distanciar um pouco e rir de si mesmo sempre que possível. Digamos que você tenha deixado cair seu livro pela quinta vez na mesma manhã e que, dessa vez, ele tenha caído aberto exatamente na página que você estava lendo. Procure ver a graça no conceito de leitura "à distância", em vez de se concentrar na frustração de ter sua coordenação motora reduzida. Rir nos faz bem, mas evite usar o humor para se depreciar.

Algumas pessoas que estão sofrendo um estresse considerável decorrente de doença têm medo de demonstrar raiva ou frustração por recearem que suas queixas possam fugir ao seu controle. Já eu digo: "Qualquer que seja a direção do sentimento, solte-o." Se muitas frustrações se estiverem acumulando, você vai precisar falar a respeito delas. Se o ato de falar fizer com que seus sentimentos se exacerbem e você começar a queixar-se de outras coisas, reconheça que é isso o que está fazendo e aceite o fato. Tenha confiança em si mesmo e perceba que acabará se sentindo melhor por ter expressado seus sentimentos.

Na manhã em que eu ditava este capítulo, estava cheio de queixas. As pernas me doíam. Minha respiração estava mais trabalhosa. Engolir ficava mais difícil. Eu começava a sentir indigestão enquanto comia. Estava tendo problemas com os intestinos. E assim por diante. Mas, depois de resmungar sobre tudo isso, comecei a me sentir melhor. Acho que não teria me sentindo tão bem se não tivesse posto tudo para fora. Sou um grande adepto das reclamações – e minhas queixas nunca se avolumaram a ponto de fugir ao meu controle.

Todo mundo precisa encontrar seu próprio modo de lidar com esses aspectos. Meu método pode lhe ajudar, mas, se for melhor para você interromper suas queixas a certa altura, então faça isso ou nem comece a reclamar para começo de conversa. No entanto, qualquer que seja sua forma de reação, é preciso experimentá-la. Será que é realmente melhor refrear-se, ou será que você está se inibindo pela preocupação com o que a outra pessoa vai pensar? Não existe fórmula pronta. É uma questão de estar consciente, direcionar a atenção para si mesmo e aprender qual é a melhor maneira de cuidar de si no que diz respeito a essas questões.

Uma das minhas maiores frustrações ocorreu alguns anos antes que a doença se manifestasse, e sob certos aspectos ela se revelou um campo de provas que ajudou a me preparar para o atual estágio da minha vida.

Olhando para mim, talvez ninguém adivinhasse, mas eu adorava dançar. Danço desde os 12 anos de idade. Em 1928, meu pai, minha madrasta, meu irmão e eu morávamos num apartamento de três cômodos no Bronx, que tinha uma cozinha espaçosa onde minha família passava a maior parte do tempo. Sempre que ouvia música no rádio, eu agarrava um cabo de vassoura para ser minha parceira e saía a dançar em volta da cozinha.

Aulas de música estavam fora de cogitação, por causa do custo, e, como eu não sabia cantar, a dança era minha única forma de expressão musical. Eu adorava assistir a Fred Astaire dançando com Ginger Rogers e com todas as suas outras parceiras nos filmes. O mundo da fantasia era uma fuga maravilhosa da pobreza da minha vida real.

Depois que cresci, dancei até os 60 anos, freqüentando um local chamado Dança Grátis. A entrada era paga, mas, uma vez que se estivesse lá dentro, podia-se dançar à vontade sem pagar mais nada. Geralmente, eu era a pessoa mais velha por lá. Costumava andar com uma toalha no pescoço porque suava muito e dançava como um louco. Lembro-me de dizer a um amigo que, se eu algum dia parasse de dançar, morreria.

Em 1984, porém, precisei abandonar a dança em decorrência de uma asma gravíssima.

Foi assim que a asma precipitou minha primeira crise real acerca do meu corpo. Eu estava com 67 anos e nunca adoecera antes. De repente havia noites em que ficava parado junto à janela lutando para respirar, sem saber se a próxima respiração viria. Minha asma chegou a esse ponto até ser controlada por esteróides. Para lidar com a ansiedade, durante alguns meses fui a um psiquiatra, que realmente me ajudou a dominar melhor minha doença.

O aprendizado de reconhecer e aceitar o pânico das crises de asma me deixou mais familiarizado com a tensão de estar doente. A ELA é mais grave do que a asma, mas estou menos apavorado com meu estado atual graças às minhas experiências com a asma.

Quando ouço músicas ao som das quais eu dançava, ainda sinto o desejo de me levantar e alçar vôo. É frustrante saber que os músculos nas minhas extremidades estão tão fracos que não posso nem bater o ritmo com meu pé ou tamborilar com os dedos. Sinto, porém, a alegria de relatar que, muito embora não consiga dançar, ainda gosto de ouvir música para dançar.

Lamentando as perdas

Lamente-se e chore por si mesmo, não uma vez ou duas vezes, mas repetidamente. Lamentar-se é uma catarse enorme, além de ser um consolo e um meio de se manter a serenidade.

O lamento, o pranto e o choro são emoções naturais. Elas surgem pronta e facilmente se não forem bloqueadas por proibições, expectativas e deturpações de ordem cultural. O lamento é uma importante parte da vida porque a vivência da perda é inevitável para todos nós. Quanto mais você envelhece, mais perdas sofrerá. Logo, é preciso descobrir um meio para lidar com a lamentação. O melhor modo consiste em permitir-se lamentar à vontade e prantear perdas. Pode ser que você queira chorar. Sem essa válvula de escape, é bem capaz que fique internamente com uma dor que pode afetar sua vida de diversos modos.

Geralmente pensamos em chorar pela perda de outras pessoas – nossos pais e nossos amigos queridos –, mas não pensamos muito em chorar por nós mesmos. Lamentar por mim mesmo representou uma contribuição importante para minha serenidade. Como é que eu faço? Deixo-me vivenciar a dor, a tristeza, o desespero, o amargor, a raiva, o pavor, o remorso e a sensação de estar acabando antes da minha hora. Deixo as lágrimas escorrerem até esgotá-las. Depois, começo a pensar no motivo pelo qual estou chorando. Estou chorando pela minha própria morte, minha separação das pessoas que amo, pela sensação de ter assuntos inacabados e de deixar a beleza deste mundo. Chorar me ajudou aos poucos a aceitar o final – o fato de que todos os seres vivos morrem.

A lamentação nunca termina com um único desabafo. A necessidade de chorar, de lamentar, de gemer, de soluçar pode voltar de tempos em tempos. Permita-se sentir a profundidade das suas lágrimas, sua sensação de perda, a dor e o vazio que você sente por causa dela. Não tenha medo de voltar a chorar quantas vezes precisar. No meu caso, choro muito. Lágrimas pequenas, lágrimas gordas, minilágrimas. Choro sozinho. Choro com outras pessoas.

Vejo a lamentação como um meio de prestar homenagem à vida. É assim que nós, os seres humanos, homenageamos nossos mortos, os que já partiram, nossas perdas. Na tradição judaica, choramos por um ser amado rasgando nossas roupas (rasgando simbolicamente nossos corações) para exprimir nossa tristeza e nossa sensação de perda.

Podemos expressar uma sensação de perda de outras formas. Mas eu sabia que chorar funcionava comigo por causa de uma experiência que havia tido num grupo de terapia anos antes.

O orientador fez com que as pessoas representassem cenas que haviam sido importantes nas suas vidas.

– Quero fazer minha cena – disse eu, afinal. – Quero representar a morte da minha mãe.

O orientador concordou e disse que montaria a cena. Pôs pessoas em papéis diferentes: minha avó, meu avô, meu pai. E revestiu uma caixa como se fosse um caixão.

– Essa é sua mãe – disse ele, apontando para a caixa. – O que você quer dizer a ela?

Eu estava totalmente dominado pela emoção.

– Por que você me abandonou? – berrei apenas, e depois me entreguei totalmente ao choro.

Quando isso aconteceu, eu estava com cinqüenta e poucos anos.

Minha mãe havia morrido quase meio século antes, mas chorei por horas a fio. Parava e recomeçava. Foi o período mais longo que já chorei. E senti que se tratava de uma forte experiência de transição. Ela mudou toda a minha atitude diante da morte da minha mãe.

Agora, quando choro por mim mesmo e lamento a futura separação das pessoas que amo, bem como a separação da minha mãe no passado, às vezes estou chorando também pela dor neste mundo – a crueldade, a perversidade, os assassinatos. Há muitos motivos para o choro e a lamentação, além das nossas próprias perdas e desolações.

Depois de chorar algum tempo, encontro alívio em expressar esses sentimentos profundos, consolo em saber que posso expressá-los – que eles estão ali, que posso pô-los para fora. Meus sentimentos me fortalecem, em vez de me enfraquecerem.

Depois de passar por esse tipo de lamentação, é tão mais fácil enfrentar o dia, tão mais fácil fazer o que tenho de fazer com minha família e meus amigos, ser carinhoso e estar pronto para o que vier a acontecer.

Dicas para uma lamentação saudável

Qual é a diferença entre o tipo de lamentação que faz com que nos sintamos acabrunhados e deprimidos e o tipo que produz uma catarse? Sentimentos não resolvidos de culpa podem atrapalhar o processo da lamentação. Se temos muita raiva e não queremos reconhecer, ou se há questões que nunca chegaram a ser solucionadas plenamente entre nós e a pessoa por quem estamos chorando, ficamos presos a remorsos, e a lamentação pode não ser tão "produtiva" quanto seria se estivéssemos chorando principalmente pela perda ou por amor.

Devemos chorar sozinhos? Está certo chorar na frente dos outros? As pessoas costumam ter vergonha de serem vistas chorando. Dizem: "Ai, eu não deveria estar chorando. Sou um adulto. Este comportamento não é correto." Ou elas não querem que alguém as veja chorar porque isso entristeceria a outra pessoa. Ou ainda porque receiam que as pessoas as considerem fracas e carentes.

É verdade que não é fácil ver alguém chorar, especialmente alguém que se ama. Mas meu conselho a parentes e amigos é que estimulem a pessoa a se lamentar. A melhor forma de se comportar diante de uma pessoa que está chorando é demonstrar compreensão e empatia. Dê apoio dizendo algo semelhante a "Está bem, eu fico aqui com você", ou então "Pode contar comigo para ajudar você da forma que quiser até que pare de chorar. E, se quiser parar e depois continuar, por mim, tudo bem".

Quando sentimos vontade de chorar, não deveríamos tentar esconder nossa dor de visitas, de parentes e amigos. Nossa atitude deveria ser a seguinte: "É assim que me sinto, e estou aceitando este fato. Gostaria que você também o aceitasse. Não altere a realidade. E se quiser chorar junto comigo, tudo bem. Se não quiser, tudo bem também. Mas meu choro não deveria perturbá-lo, porque você deveria perceber que para mim é importante fazer isso e que, no fundo, chorar faz com que eu me sinta muito melhor do que se não chorasse. Portanto, você deveria estar satisfeito ao ver que estou chorando."

A catarse ou alívio que obtemos não significa que a dor passou totalmente e se dissolveu, ou que o pranto já resolveu a situação. Na realidade, por um tempo, chegamos a um entorpecimento, a uma sensação de sossego.

Combine com parentes e amigos para que o lembrem, quando estiver deprimido, ansioso, em desespero ou perdendo o controle, de que você não quer ficar assim. Basta pedir-lhes um toque amigo.

Isso poderia contradizer meu conselho de que se deve estimular as pessoas a se lamentarem, mas existe uma diferença entre bloquear ou suprimir a expressão emocional de alguém e ajudar a pessoa a redirecionar seus sentimentos. Às vezes, entro em depressão e ela simplesmente domina minhas emoções, como a ELA domina meu corpo. É bom quando eu recebo um toque amigo de alguém que diz: "Ei, Morrie, quando estava animado, você nos pediu para lembrá-lo, mas, se isso fizer você se sentir pior, esqueça. Se fizer você se sentir melhor, estou só dando um toque." Isto ajuda a melhorar de algum modo nossa disposição sombria. Esse toque é capaz de gerar o distanciamento que nos permite tomar as rédeas do turbilhão interior e nos afastar um pouco do sofrimento.

O auxílio de fora pode ser mais indireto. Por exemplo, se um amigo perceber que estamos nos deprimindo, ele poderia tentar nos distrair ou nos dar algo – como um abraço que ele sabe que irá nos animar um pouco. Ou ele poderia nos dizer o quanto somos importantes para ele, ou ainda nos contar uma piada ou uma história engraçada. Existe uma grande quantidade de meios pelos quais um amigo ou parente pode nos ajudar a sair de um estado de abatimento.

Sair da depressão não é um processo simples. Depende do quanto ela é grave, do seu motivo, do tempo da nossa vida em que estivemos sujeitos a ela, do quanto ela foi recorrente, da possibilidade de termos desenvolvido nossos próprios métodos para sair dela, e assim por diante. Cada caso é diferente. Há certas depressões que podem exigir atendimento profissional. Meu conselho está voltado para o que se chama de depressão circunstancial, quando a pessoa está reagindo a algum acontecimento na sua vida como dor profunda, perda ou separação de algo que lhe era caro. Quando somos doentes crônicos ou terminais, é inevitável que nos sintamos deprimidos acerca da doença e que precisemos do apoio da família e de amigos para sair dessa depressão.

Depois de ter chorado e se lamentado pelas
suas perdas físicas, valorize
as funções e a vida que lhe restam.

Completar um ciclo é o objetivo da lamentação: obter uma aceitação da perda e chegar a um ponto de onde podemos voltar ao nosso estilo de vida e considerar que a vida vale a pena.

A lamentação nunca termina se aquilo que está sendo chorado for algo profundo e importante. Mas, com o passar do tempo, choro com menor freqüência e com menos intensidade. No entanto, o objetivo não deveria ser evitar o choro ou parar de se lamentar. A idéia é usar a lamentação como uma expressão saudável das nossas emoções.

É importante reconhecer a diferença entre autocomiseração e lamentação. Tenho uma atitude de autocomiseração se disser: “Por que eu? Por que Deus permitiu que isso acontecesse?” Se eu disser: “Foi terrível isso que aconteceu comigo. Sinto-me péssimo”, estarei reconhecendo minha tristeza.

A autocomiseração pode ser uma fase inicial no processo de lamentação. Mas é preciso que superemos as recriminações a fim de nos ligarmos à vida normal, com toda a sua tristeza e alegria. O próximo capítulo irá ajudá-lo a fazer essa transição até a aceitação.

Quem sabe por que tenho essa doença, de onde ela veio e se Deus tem algo a ver com ela? Ao passo que, se eu aceitar que ela é uma realidade e reconhecer tudo de importante que me está fugindo, posso lamentar minhas funções perdidas e o fato de eu já estar bem adiantado no caminho até a morte. Choro a perda de pessoas queridas. Essa é uma lamentação que representa a essência da vida. Tendo prestado minhas homenagens através do choro, posso parar de ruminar sobre as coisas de que fui privado e sentir gratidão pelo que tenho – pessoas que me ajudam, e parentes e amigos cujo amor aprecio.

Buscando a aceitação

Procure desenvolver uma paz interior de natureza emocional ou espiritual para compensar as aflições do seu corpo. Você poderia começar aprendendo a aceitar o que lhe acontece em qualquer momento específico.

A aceitação é geralmente mais difícil do que precisa ser porque as pessoas na nossa sociedade no fundo se recusam a aceitar nosso destino comum – a morte. Todos vamos morrer, mas temos a tendência a negar isso, a evitar essa realidade ou achar, irracionalmente, que não vai acontecer conosco. Se pudermos aceitar a inevitabilidade da nossa própria morte, pode ser um pouco mais fácil enfrentar uma doença séria ou incapacitante.

Infelizmente é muito freqüente termos a sensação de que deveríamos ser capazes de mudar tudo, de que a tecnologia se encarregará de seja lá o que for que der errado. Nosso lema é: "Se as coisas não são como eu quero, vou descobrir um jeito de endireitá-las." Isso é ótimo para muitas situações. Se você puder melhorar sua condição física, não hesite. Mas a aceitação passa a ser uma questão importante se não existir para você a opção de melhorar.

Pode ser que descubramos uma cura para a ELA daqui a vinte anos, mas não temos uma cura no momento. Por isso, tenho de aceitar o fato de estar com uma doença incapacitante e fatal. Muitas experiências estão em andamento, mas, se eu estiver esperando alguma grande cura milagrosa para as duas próximas semanas, vai ser muito difícil aceitar minha situação. É uma questão de ser perfeitamente realista quanto a encarar a verdade com clareza. Em seguida, podemos estabelecer se nossa condição é passível de mudança ou não. Se descobrirmos que não é passível de mudança, ou a aceitamos, ou vamos ficar permanentemente frustrados, sempre lutando em vão com o inevitável.

A aceitação não acontece de imediato. Minha própria experiência é de oscilar entre a aceitação e a não-aceitação. Eu aceitava estar com ELA e depois ficava irritado com a doença por algum tempo. Voltava a aceitá-la. De um lado para o outro. Depois de algum tempo, cheguei a uma situação em que a descrença e a falta de aceitação se reduziram, e eu pude dizer: "Está bem, é assim que é." Não sei se um dia se chega a uma aceitação total. Sei que atingi um nível razoável de aceitação. Quando falamos em aceitação, temos de pensar no seu aspecto evolutivo ao longo do tempo. A aceitação vai ficando cada vez mais forte até finalmente estar toda ali.

Prepare-se para se sentir como uma criança dependente e como um adulto independente em ocasiões diversas.

O objetivo de todas as sociedades é encaminhar cada pessoa da dependência total para a independência relativa. É isso o que significa crescer. Nós desenvolvemos confiança em nossos pais, confiança de que eles cuidarão de nós e nos conduzirão para que sejamos suficientemente capazes de seguir nosso próprio caminho independente.

Uma doença grave pode nos roubar parte da nossa independência, mas não confundamos depender de outros com ser infantil. A questão é que a maioria de nós tem suficiente independência e dependência para mantê-las num equilíbrio adequado. O objetivo é o equilíbrio, não a total exclusão de uma das duas da nossa vida.

Bem no início da doença, reconheci que eu teria de aceitar minha dependência. Se não fosse assim, não iria dar certo. Fui ainda além. Disse que não só ia aceitar ajuda, mas que me deliciaria com ela. "Vou me permitir sentir o prazer de ser dependente." Como minha mãe adoeceu gravemente quando eu tinha cinco ou seis anos de idade, senti muita falta do carinho da atenção materna quando ainda estava numa fase dependente. Por isso, acho que uma parte de mim ainda anseia por essa atenção. Eu me permito gostar de receber cuidados quando as pessoas fazem algo para me ajudar.

A certa altura, estejamos preparados para lidar com sentimentos profundos e contraditórios – por exemplo, querer viver e querer morrer, amar os outros e não gostar deles.

Chamo isso de tensão dos opostos e considero que muitos dos sentimentos com os quais estou envolvido têm duas faces opostas. Nutrimos sentimentos ambivalentes a respeito de muitas coisas. Creio que não percebemos alguns dos aspectos negativos porque eles nos são desagradáveis. Por exemplo, a maioria de nós está mais do que disposta a declarar seu amor por alguém, mas é mais difícil admitir que sentimos uma pontinha de ódio ou algum outro sentimento negativo por aquela mesma pessoa.

Não foi fácil para mim o confronto com os sentimentos negativos que tinha para com minha mãe. No entanto, apesar de adorá-la, eu também me ressentia dela. Sentia raiva dela por ter me abandonado, muito embora não tivesse sido culpa sua o fato de adoecer e morrer.

Para mim, ninguém tem uma relação cristalina com qualquer outra pessoa. Sempre há fatores negativos envolvidos, e esses fatores negativos despertam sentimentos desagradáveis. Se não os confrontarmos, eles poderão nos tornar irritados e amargurados.

Ao reconhecer os sentimentos negativos que dirigia ao meu pai, pude apreciar plenamente meus sentimentos positivos por ele. Meu pai tinha pouca instrução. Tinha pouca ambição e eu considerava que era dele principalmente a responsabilidade por manter a família num estado de pobreza. Perdoei-o também e comecei a reconhecer que não era culpa dele, embora eu tivesse pensado que fosse.

Depois de aceitar os sentimentos negativos, valorizei muito mais os positivos. Tenho boas recordações de meu pai como uma pessoa terna e despreocupada. Herdei dele grande parte do meu bom humor e da capacidade de gozar a vida. Meu pai vivia o momento presente. Era um gênio nisso – não se preocupava com o amanhã.

A mais fundamental das tensões dos opostos, creio eu, é a luta – em especial quando se está gravemente enfermo – entre querer viver e querer morrer.

Há ocasiões em que se quer ficar na cama e receber cuidados. Não se quer gastar nenhuma energia. Essa sensação não deve nos preocupar. Se ela chegar a um extremo, a pessoa começa a sentir que quer ficar ali deitada e simplesmente morrer. Às vezes, você pode sentir vontade de desistir, mas o importante é lembrar que nem sempre sentirá essa vontade. Quando achar que quer morrer, pergunte a si mesmo: "Quero morrer para sempre, ou só neste instante?" Se for só neste instante, por que não dar asas à fantasia por um tempinho? Porém, se você quiser morrer para sempre e estiver se retraindo da vida, ficando na cama o tempo todo, está se entregando à dependência e, talvez, à depressão. Pode ser que precise de atendimento psicológico.

Normalmente, as emoções contrárias se alternam: uma prevalece agora; a outra, mais tarde. É a que prevalece a maior parte do tempo que determina seu estado mental.

Há uma história que pode ser aplicada à nossa necessidade de aceitar os sentimentos aparentemente contraditórios que temos. Um casal consulta o rabino. O marido apresenta seu lado do caso, e o rabino diz: "Você tem razão." Então, a mulher dá sua versão, e o rabino diz: "Você tem razão." O marido então pergunta: "Mas, rabino, como podemos os dois ter razão? Ela tem razão e eu tenho razão?" O rabino responde: "Você tem razão."

Se você fantasiar que não está mais doente e que recuperou seus níveis anteriores de desempenho, mantenha a fantasia enquanto ela lhe der prazer. Mas volte à realidade quando a fantasia causar dor ou quando for necessário voltar por algum outro motivo.

Acho que fantasiar pode ajudar muito. Deveríamos deixar nossa imaginação perambular à vontade desde que ela não torne nossa realidade mais dolorosa para nós.

Um dia, sonhei que estava correndo, cheio de velocidade e energia. Eu dizia: "Uau! Não estou com ELA." Eu estava entusiasmado! E então acordei.

Às vezes, quando ouço música, fecho meus olhos e me imagino dançando pela sala afora. A fantasia me dá prazer, mas só por um tempo. Se eu me permitisse abraçá-la por muito tempo, ficaria entristecido quando abrisse meus olhos para a realidade.

Aceite o fato de que você nunca voltará a sentir um pleno bem-estar físico. Aproveite os momentos em que se sentir bem agora.

A aceitação não é passiva – é preciso dedicar-se a ela continuamente para tentar encarar a realidade, em vez de imaginar que a realidade é algo diferente do que é.

As pessoas com grande fé em Deus ou com fortes laços espirituais podem aceitar melhor o que acontece aqui e agora, porque sabem que esta é apenas uma escala temporária no caminho para o outro mundo, por assim dizer. Se não temos essa fé, pode ser preciso confiar mais na própria coragem.

A aceitação não é um talento que se tem ou não se tem. É uma resposta que se aprende. Minha professora de meditação fez questão de frisar a diferença entre uma reação e uma resposta. Podemos não ter controle sobre nossa reação inicial a algum fato, mas é possível para nós decidir qual vai ser nossa resposta.

Ninguém precisa ser conduzido pelas próprias emoções, e a aceitação pode ser um primeiro passo na direção do fortalecimento do eu. Pode ser que você não tenha como mudar seu prognóstico médico ou qualquer outra situação de sua vida. Mas você tem como controlar as emoções destrutivas que podem prejudicar sua saúde mental e física. Para mim, a aceitação vem sendo a pedra fundamental da minha condição de ter uma resposta emocionalmente saudável à minha doença.

Revendo o passado

Aceite o passado como passado, sem negá-lo ou descartá-lo. Tenha suas lembranças, mas não viva no passado. Aprenda com ele, mas não se castigue a respeito dele nem lamente o tempo todo sua passagem. Não fique atolado no passado.

Viver no momento não significa rejeitar o passado. Significa reagir a qualquer coisa que esteja ocorrendo agora. Se ficarmos pensando no passado, estaremos presos a ele em termos emocionais. Não são só os idosos ou pessoas com doenças graves que têm motivos para remorso. Todos nós, no correr da vida, em algum momento pensamos: "Se ao menos eu tivesse agido assim. Se ao menos eu tivesse me casado com aquela mulher. Se ao menos eu tivesse dado aquele passo na minha carreira." Se nos deixamos dominar por esses pensamentos, ficamos atolados no passado, o que é um grande desperdício de tempo. Em vez disso, olhe para o passado e pergunte: "O que posso aprender com ele? O que aprendi? Como ele pode me ajudar neste exato momento?"

Para quem cuida de um parente ou amigo doente com quem teve um relacionamento problemático, é muito importante chegar a uma aceitação do passado para o próprio bem, assim como para o da pessoa amada. A raiva e o ressentimento não tiram férias só porque um dos envolvidos adoeceu seriamente. No entanto, o relacionamento que envolve os cuidados ao doente sofre um estresse duplo se você está ressentido com uma pessoa querida que adoeceu e precisa de você. Os relacionamentos costumam ser muito complexos. No entanto, quando uma pessoa amada está gravemente enferma, essa não é a ocasião adequada para reavivar o passado com ela. Se vocês não resolveram conflitos antes dessa crise de saúde, ponha de lado esses conflitos. Pense que nem tudo precisa estar resolvido para que você chegue a se sentir capaz de cuidar do outro com carinho e sinceridade.

Quanto a falar sobre o passado, siga a iniciativa da pessoa enferma. Algumas vão querer falar sobre o passado. Algumas escolherão as partes que quiserem debater. Outras podem não querer de modo algum falar sobre o passado ou podem se sentir mais à vontade falando sobre ele com alguém de fora.

As pessoas sentem alívio ao saber que seu cônjuge ou ser amado aceita e apóia a forma que desejam seguir ao longo da doença. Deveríamos fazer perguntas com delicadeza e seguir as deixas fornecidas pela pessoa enferma. Saiba que seu jeito de lidar com as coisas pode não ser o jeito dela, e respeite suas escolhas. Procure saber dela o que quer e o que precisa.

Aprenda a se perdoar e a perdoar os outros.
Peça perdão aos outros. O perdão enternece
o coração, esgota o rancor e dissolve a culpa.

Acho que somos excessivamente rigorosos com nós mesmos pelo que não realizamos ou pelo que deveríamos ter feito. O primeiro passo é perdoar-se por tudo aquilo que você não fez e que deveria ter feito, assim como por tudo o que fez e que não deveria ter feito. Livre-se da culpa. Sentimentos negativos não fazem bem a ninguém. A melhor forma de lidar com eles é perdoando-se e perdoando os outros.

O perdão é um termo difícil. Ele não significa apenas um pedido de desculpas, embora o remorso pelo que se fez sem dúvida faça parte dele. Podemos querer reparar o erro se possível, mas há algumas circunstâncias em que não há nada mais que se possa fazer. Mesmo quando não temos como fazer as pazes com alguém, é preciso dizer a nós mesmos: "É, fiz isso, e teria sido melhor se não tivesse feito, mas agora quero me perdoar por ter cometido esse erro."

O perdão nos ajuda a entrar em harmonia com o passado. Aprendi a me perdoar e isso me ajudou a não sentir mais tristeza ou remorsos profundos acerca do meu passado.

Durante vinte anos, tive a sensação terrível de ter tratado com crueldade um colega de trabalho. Pertencíamos à mesma organização, e eu não quis liderar um grupo com ele. Durante muitos anos, carreguei comigo a culpa de ter sido indelicado, sabendo que isso não estava certo. Quando voltei a vê-lo recentemente, abordei-o:

– Olhe, carrego esse peso há vinte anos. Sinto muita culpa pelo que lhe disse e lhe fiz, e realmente quero pedir seu perdão.

– Ora, está tudo certo – disse ele. – Eu me lembro de quando eu estava desanimado e deprimido e você me abraçou e me confortou.

Lágrimas me vieram aos olhos pela sua atitude generosa para comigo e pelo alívio que senti.

Todo o trabalho que realizamos efetivamente em nós mesmos – todas as experiências que tivemos na vida – pode ser usado para manter nossa serenidade. Dispomos dessas reservas. Vamos recorrer a elas.

Há uma diferença entre usar seu passado e chafurdar nele. Digamos que eu tenha tido uma experiência com uma pessoa grosseira e que eu tenha retribuído com grosseria, mas que não queira mais agir dessa forma. Posso usar aquela experiência para desenvolver uma atitude diferente sempre que alguém não for simpático comigo. Se eu não gostei da minha reação no passado, posso mudar minha atitude de resposta.

Podemos examinar nosso passado, tirar proveito dos nossos sucessos e aprender com nossos erros sem nos julgarmos. Essa é uma hora excelente para passar a vida em revista, reparar erros, identificar arrependimentos e encará-los com desapego, procurar harmonizar relacionamentos não resolvidos e acertar assuntos pendentes.

Parte II

O CAMINHO EM QUE DESEJAMOS ESTAR

MANTENDO UM ENVOLVIMENTO ATIVO NA VIDA

Procure ocupar-se ou concentrar a atenção em questões que sejam do seu interesse, que lhe sejam importantes e lhe digam respeito. Mantenha um envolvimento apaixonado com elas.

Algumas pessoas passam pela vida como sonâmbulas, sem envolver-se apaixonadamente em coisa alguma, mas isso não acontece com a maioria de nós. Creio que o potencial para o envolvimento apaixonado existe em todo mundo. Se você estiver sentindo alguma apatia, dedique um tempo para avaliar quais são seus interesses. Com que você realmente se importa? Quais são as forças propulsoras na sua vida? Quem é você?

Desenvolvi uma imagem nítida de mim mesmo, em parte ao identificar o que é importante para mim. Procuro ver a realidade como ela de fato é, tentando livrar-me de todos os condicionamentos aos quais fui submetido. Tome consciência das respostas e julgamentos que a sociedade nos impõe para tentar ver a realidade como ela é.

É necessário ter essa consciência da realidade para poder vivenciar plenamente o "ser" das coisas neste mundo. O que eu quero dizer com o "ser"? Pense da seguinte forma: qual é a essência de uma árvore? Qual é a essência do ser humano? Trata-se de fato de um mistério.

Qual é a sua essência? Quem é você quando pensa em si mesmo?

Você é todos os papéis que desempenha? Você é mais do que seus papéis? Costumávamos debater isso em sociologia – você é mais do que alguém que representa um papel? Você é membro de uma família, você é um profissional, é isso ou aquilo, mas existe alguma outra coisa além desses papéis?

O sociólogo Erving Goffman disse que, quando se descasca a cebola, uma camada após a outra, no final não há nada. Os desconstrutivistas fazem a mesma afirmação a respeito da essência de quem você é.

Mas eu não acredito nisso. Prefiro pensar que temos, sim, um núcleo do eu. E que, quanto mais sabemos sobre quem somos, mais ativamente podemos nos envolver no mundo à nossa volta.

Creio que, muito embora cada pessoa tenha um eu individual e exclusivo, esse eu não significa nada fora do contexto de comunhão ou contato significativo com outras pessoas.

Resista à tentação de se considerar inútil.
Isso só leva à depressão. Descubra seus próprios
meios de ser e de sentir-se útil.

Um dos grandes perigos quando estamos gravemente enfermos é a possibilidade de começarmos a sentir que nossa vida não tem sentido. O que estamos fazendo no mundo? Por que estamos aqui? Só para existir de um dia para o outro? Quando não temos um objetivo, ficamos deprimidos e começamos a nos perguntar por que deveríamos nos dar ao trabalho de levantar de manhã.

É muito importante fixar metas para nós mesmos, por ínfimas que sejam, como a de recortar alguns artigos de jornal que temos vontade de guardar. Ou estabelecer metas mais significativas, como ajudar a cuidar de um neto, se estiver dentro das nossas possibilidades. Ou planejar começar aquele livro que estamos querendo ler. Quanto maior o objetivo, maior a motivação que teremos para realmente nos envolvermos com a vida, mesmo enquanto estamos morrendo.

Tenho muitos objetivos que me ajudam a conferir significado à minha vida. Lidar com meus parentes e amigos com carinho, intimidade e afeto é uma prioridade máxima. Há uma quantidade de livros que pretendo ler. Tenho também minhas obras musicais preferidas, que espero ouvir com prazer.

Não pense que, só porque está doente, você não pode ter metas. Escolha seus próprios objetivos e comece a trabalhar neles, por mais insignificantes que eles lhe possam parecer. Pode chegar uma hora em que você não consiga fazer nada do que está tentando. Eu posso chegar ao ponto em que só tenha condições de ficar deitado na cama, mas, enquanto isso não acontecer, vou continuar a ter tanta atividade quanto me for possível. Se eu atingir o ponto em que não consiga falar nem me mexer, talvez ainda consiga realizar um dos meus objetivos, que é ajudar outras pessoas que desejam poder morrer com algum tipo de paz interior.

Não parta do pressuposto de que é tarde demais para se envolver ou para redirecionar seus interesses. Talvez chegue o momento em que seja tarde demais para fazer algumas coisas, mas sempre haverá outras oportunidades em que você possa envolver-se.

Apesar de ter sido professor universitário por muitos anos, eu não esperava tanta atividade no meu tempo de aposentado como tive desde que adoeci. Comecei a escrever esses aforismos para meu próprio proveito. Era uma forma de me distanciar da doença e me lembrar do que eu precisava fazer para manter minha serenidade ao longo de toda a enfermidade. Eu queria ter um controle sobre o que estava me acontecendo, e anotava as experiências pelas quais passava porque isso me ajudava a vê-las com objetividade e a ser testemunha do meu próprio processo.

Depois de algum tempo, tive vontade de que meus amigos tomassem conhecimento do processo pelo qual eu estava passando. Por isso, enviei alguns aforismos a meus amigos Maury e Phyllis Stein. Maury me incentivou a compartilhar os aforismos com outras pessoas, além dos parentes e amigos. Disse que poderia ser muito útil não só para quem estivesse enfermo, mas para muitas outras pessoas. Phyllis e Maury conversaram com Alan Berger, da equipe de editoria do *Boston Globe*, e o estimularam a mandar fazer uma reportagem comigo sobre os aforismos. Alan entrou em contato com Jack Thomas, que veio me entrevistar três vezes antes de escrever o artigo que foi publicado mais tarde no *Globe*.

Richard Harris, produtor-chefe do programa *Nightline*, é um ex-bostoniano e viu o artigo no *Globe*. Ele mostrou a reportagem a Ted Koppel e me ligou para perguntar se eu estaria interessado em ser entrevistado no programa *Nightline*. Concordei porque queria transmitir minha mensagem. A equipe chegou no dia seguinte. Passaram de oito a dez horas filmando amigos, nossa casa e a mim com amigos e com os profissionais que estavam me ajudando.

Como eu me sentia por me dirigir a dez milhões de pessoas? É muito mais gente do que jamais chegou a freqüentar minhas aulas em Brandeis! Fiquei satisfeito por tantos terem ouvido o que eu tinha a dizer, mas também me senti feliz por estar sendo diferente do meu jeito normal de ser. Geralmente sou uma pessoa bastante tímida e não muito extrovertida em público. Aparecer na televisão foi uma boa experiência para mim. Senti prazer em receber correspondência de cerca de 150 pessoas que me escreveram depois de minhas apresentações no *Nightline* para dizer que haviam ficado comovidas ou emocionadas com o que eu dissera.

Minhas circunstâncias podem ser muito diferentes das suas. Talvez você não tenha a oportunidade de uma entrevista na televisão nem de escrever um livro, mas todo mundo tem a oportunidade de se envolver com as pessoas e de dar uma contribuição aos outros. Mesmo um sorriso de estímulo a alguém que está tendo um dia desagradável pode fazer um bem enorme àquela pessoa.

Absorva tanta alegria quanto puder sempre e do modo que for possível. Você poderá descobri-la em locais e situações imprevisíveis.

Podemos encontrar a alegria em praticamente qualquer situação se estivermos abertos para a experiência da felicidade. Mesmo uma tarefa trivial como a de lavar pratos pode tornar-se uma ocasião para o prazer se nos deixarmos maravilhar com as cores nas bolhas de sabão ou se permitirmos que a visão de um prato nos relembre a última ceia de Natal que fizemos com parentes ou amigos. Seja qual for sua atividade, dedique-se a ela com cuidado, consideração e conscientização. Se nos concentrarmos em fazer o melhor possível em qualquer circunstância, sem ficarmos nervosos ou ansiosos a respeito, talvez descubramos que o que estamos fazendo passa a ser uma fonte de fruição e prazer, em vez de apenas uma obrigação.

RELACIONANDO-SE COM OS OUTROS

Mantenha seu coração o mais aberto possível, pelo maior tempo possível, para os outros e especialmente para você mesmo. Aja com generosidade, integridade e carinho.

No decorrer dessa enfermidade fiz uma meia dúzia ou mais de amigos, pessoas que não conhecia antes. Também reatei laços com pessoas com as quais não mantinha contato havia anos, entre elas ex-alunos que me procuraram depois de saber que eu estava doente.

Se você estiver se sentindo só, não é tarde demais para desenvolver novas amizades ou para restabelecer relações com antigos conhecidos. Mesmo que não tenha sido no passado uma pessoa amável ou acessível, ainda lhe resta tempo para mudar. No entanto, você não vai se tornar uma pessoa mais benevolente só pelo fato de estar morrendo. Se antes você era intratável, continuará a sê-lo, a menos que faça um esforço para mudar.

Querer ser diferente é apenas o começo. Não há uma fórmula única para mudar nosso modo de nos relacionarmos com os outros, mas eis algumas sugestões. Identifique algum comportamento que você gostaria de mudar e procure especificá-lo. Por exemplo, se você não quer mais ser intratável, poderia estabelecer como meta ser mais animado ou mais expansivo. Em seguida, precisa identificar o que pode fazer para atingir sua meta. O primeiro passo pode ser tão simples quanto dizer "bom dia", "por favor" e "obrigado" com maior freqüência. Se seu objetivo consiste em fazer com que as pessoas conversem mais com você, procure demonstrar mais atenção e interesse como ouvinte. Se quiser que as pessoas lhe façam visitas mais freqüentes, trate de tornar os encontros mais agradáveis para elas.

Podemos nos sentir um pouco constrangidos por um tempo, especialmente se estivermos preocupados com a impressão de estar apenas desempenhando um papel ou fingindo ser o que não somos. Encare a situação do seguinte modo: o que nos tornou intratáveis, ou qualquer outra coisa, foi o fato de agirmos como pessoas intratáveis. Quando agimos como pessoas gentis e generosas, acabamos nos tornando gentis e generosos. No entanto, não devemos exigir demais de nós mesmos nem tentar mudar com rapidez excessiva. Isso pode nos levar ao desânimo e à desistência. Da mesma forma, não espere que os outros percebam ou aceitem suas mudanças de imediato. Algumas pessoas podem nunca ser receptivas como você gostaria; outras podem demorar um pouco para sentir simpatia e vontade de querer se relacionar com você.

Não importa qual seja a atitude das pessoas diante das mudanças que você fizer nem importa o sucesso que você tenha nos seus esforços para mudar, mas você será uma pessoa melhor por ter tentado.

Reconheça a diferença entre seus desejos e suas necessidades. A necessidade de se sentir ligado a outras pessoas é tão vital para a sobrevivência humana quanto o alimento, a água e o teto.

À medida que minha doença progrediu, fui me tornando cada vez mais dependente. Para chegar a qualquer lugar, sou levado sobre rodas. Estou sendo alimentado, banhado e levado ao banheiro. Inúmeros atos que eu realizava sozinho e que considerava como parte integrante do meu eu físico, agora são feitos para mim por outras pessoas. Embora eu seja dependente, tenho o pensamento independente, emoções maduras e uso minha independência para manter meu eu essencial em atividade.

Há dois pontos que quero salientar a respeito de como nos relacionamos com os outros, especialmente no contexto da dependência. O primeiro é que ninguém nunca chega a ser totalmente adulto. Ficamos tão envolvidos com nossa individualidade (especialmente no Ocidente) que não reconhecemos que, antes de podermos ser totalmente adultos, temos de ser membros de uma comunidade adulta. Não dispomos, entretanto, de nenhuma comunidade adulta, ou seja, de comunidades ou de um mundo no qual todos assumam responsabilidade por cada um. Como Jesus e outros grandes líderes disseram, "Somos todos irmãos e irmãs", em vez de nômades isolados, cada um procurando o melhor para si.

Quando se é criança, tem-se uma sensação de comunidade na família e no playground. Perde-se essa noção de comunidade, porém, quando se vai para a escola, onde de imediato cada um é forçado a ser competitivo e a tentar ser melhor do que o outro. Perde-se essa noção de comunidade no mundo dos negócios. Ela também é perdida no mundo da política, no qual cada nação ou grupo enfrenta outro. Ser plenamente humano é aceitar nossa interdependência como membros de uma comunidade. Assim, podemos ter uma atitude diferente diante da realidade de precisar de outras pessoas e de ser necessário.

O segundo ponto é que as pessoas precisam ser necessárias. Pense nisso. Gostamos que perguntem nossa opinião. Queremos dá-la. Ajudar outra pessoa faz com que nos sintamos generosos. Todo mundo quer ter a sensação de ser uma boa pessoa, mesmo que não seja. A necessidade de ser necessário é um impulso fortíssimo. Logo, tenha consciência de que, ao aceitar a ajuda de alguém, você também lhe está dando algo em retribuição.

Quando for pensar a respeito de aceitar ajuda e apoio, reserve alguns instantes para distinguir entre suas necessidades e seus desejos. É comum a confusão entre eles. Podemos dizer, "Preciso comprar um carro novo", mas, na verdade, desejamos o carro. O que realmente necessitamos é ter um relacionamento amoroso com alguém ou vivenciar o mundo de alguma forma inédita para nós.

Quando estamos doentes, é muito importante a capacidade de identificar nossas necessidades e nossos desejos. Desejo uma refeição deliciosa ou um sorvete, mas preciso mesmo, necessito, que me levem ao banheiro. Uma necessidade precisa gerar uma ação condizente, enquanto um desejo é mais optativo. Se o que desejamos não estiver disponível, podemos passar sem ele.

Insisto para que minhas necessidades sejam satisfeitas porque as considero essenciais. Eu era muito reservado e pouco exigente, mas não sou mais assim. Não quero sofrer. Logo, se precisar que meu acompanhante ajeite minha perna porque meu pé está preso numa roda da cadeira, sou claro e direto ao dizer que preciso que mexam meu pé do lugar. Se quiser que a calefação seja ajustada porque estou sentindo muito calor ou muito frio, faço esse pedido com menos sentido de urgência. Os budistas têm uma visão interessante da dor. Dizem que o sofrimento acontece – e que se tem o direito de sofrer. A saída para escapar do sofrimento é através da meditação. De acordo com os ensinamentos budistas, se sentimos dor, podemos conseguir lidar com ela meditando sobre a dor e, com isso, reduzindo seu poder sobre nós. No entanto, eles não estão dizendo que deveríamos permanecer com a dor se pudermos fazer algo para remediá-la. Pelo menos, é assim que eu entendo.

Fale abertamente sobre sua doença com os que se dispuserem a ouvir. Isso irá ajudá-los a encarar suas próprias vulnerabilidades, bem como as do paciente.

Nossa cultura promove atitudes muito negativas quanto às doenças, como se estar enfermo fosse algum sinal de fraqueza ou de deficiência pessoal. Essas atitudes fazem com que as pessoas se sintam envergonhadas de estarem doentes, especialmente se a doença for grave. Isso pode levar o paciente a sentir culpa por estar enfermo e mesmo a se desprezar por esse motivo. Às vezes, familiares e amigos de uma pessoa com alguma doença fatal se afastam da pessoa, exatamente na hora em que ela mais precisa de amor e apoio.

Há uma espécie de segredo que envolve a doença, e isso fere a todos nós. Ele faz com que o doente se sinta isolado e infeliz. Faz também com que os parentes e os amigos se sintam desvinculados do seu ente querido. Ao tentar evitar falar naquilo que é tão importante para elas, cada pessoa se sente não só amedrontada e na defensiva, como sozinha.

Considero muito importante poder compartilhar com os outros o que está acontecendo dentro de mim. Não falo sobre isso com todo mundo, mas sem dúvida falo com meus parentes e amigos. É minha esperança que eles sejam receptivos e que me dêem apoio. Além disso, se souberem o que de fato está acontecendo comigo, não vão imaginar que a situação é pior do que realmente é.

Falamos do meu estado de saúde como de algo que está sempre presente, mas que não constitui o todo do nosso relacionamento.

Portanto, podemos falar nele sem que ele nos absorva ou sem que seja constantemente o tema em torno do qual nos relacionamos.

Não estou sugerindo que você pare as pessoas na rua para falar sobre seu problema de saúde, mas que fale, sim, sobre ele com alguém. Não guarde reprimido no seu íntimo aquilo que você está vivenciando. Não exclua as outras pessoas.

Depois que apareci no programa *Nightline*, li a coluna de Eric Mink no *New York Daily News*, na qual ele disse, a respeito do segmento em que apareci, que "Ted Koppel usou a televisão para desbravar um caminho até o interior dos corações e mentes dos mortos". Ele escreveu que seu pai tivera ELA e que se recusara a falar sobre a doença. Com o retraimento do pai e sua recusa a revelar qualquer sentimento ou opinião a respeito da doença, o filho não fazia a menor idéia do que estava acontecendo com o pai. Quando me viu na televisão, Mink "teve a impressão de que finalmente ouvia alguns dos pensamentos secretos do pai".

Quando nos abrimos, aqueles que estão próximos são solícitos e receptivos, e nos sentimos muito melhor a respeito de nós mesmos.

Mantenha continuamente um sistema de apoio,
individual e coletivo, de pessoas que gostem
de você e de quem você goste.
Não exija dos outros algo que eles
não estejam preparados para cumprir
ou dispostos a fazer. Você poderia afastá-los.
Aceite sua recusa amavelmente.

É preciso que alguém cuide de nós. Realmente ninguém consegue lidar sozinho com doenças graves ou prolongadas, por mais auto-suficiente que a pessoa possa ter sido. É óbvio que precisamos de alguém que cuide das nossas necessidades físicas quando não somos mais capazes, e precisamos de um representante ou mediador para supervisionar nossas necessidades médicas quando não temos mais condições de participar plenamente do processo decisório sobre nosso tratamento. No entanto, podemos não ter tanta consciência de como é crucial ter alguém que se encarregue das nossas necessidades sociais.

Quando estamos doentes e não temos mais forças para escrever cartas ou para dar muitos telefonemas, nosso acompanhante pode se tornar nossa tábua de salvação. Por exemplo, nosso acompanhante pode entrar em contato com um parente ou amigo que mora distante e dizer: "Sei que ele realmente gostaria de ver você. Venha fazer uma visita." Ou, se não estamos mais dispostos a ver muita gente, ele pode dizer a quem telefonar: "Hoje o dia está sendo difícil. Por que você não liga na semana que vem?"

Adoro ter minha família e meus amigos à minha volta, mas nem todos gostam de receber muitas visitas. Algumas pessoas podem preferir passar o tempo quase exclusivamente com os parentes mais próximos ou com um velho amigo. Seja o que for melhor para você, não hesite em expressar seus desejos. Se você quiser que alguém venha lhe fazer uma visita, basta convidá-lo. Se alguém lhe disser: "Quero saber se posso fazer alguma coisa por você", não deixe que o orgulho ou a humildade o impeçam de responder: "Seria bom conversar com você de vez em quando. Acho que me ajudaria muito." Se não conseguir ser tão franco assim, peça ao seu acompanhante que diga à pessoa que você gostaria de receber um telefonema ou uma visita.

Sistemas de apoio são essenciais quando nos encontramos num estado que inspira cuidados. Tenho a felicidade de dispor de um grande fluxo de amigos que passam pela minha casa. Chamo-os de minha comunidade de apoio, meus anjos, meus queridos amigos. Eles aparecem com bastante regularidade para saber como estou, trocar idéias sobre questões espirituais, para me dizer como gostam de mim. Às vezes, trazem o jantar. Vêm para jantar comigo, para conversar sobre as notícias do dia ou sobre o que está acontecendo nas suas vidas, para me falar de assuntos com os quais vêm lutando, temas sobre os quais eu talvez possa oferecer ajuda ou conselhos.

Por sinal, há um grande intercâmbio: de mim para eles e deles para mim. Eles me dizem que estão aprendendo comigo, que olhar para mim é para eles uma fonte de inspiração. E, em contrapartida, eu sinto que eles estão continuando a me manter vivo, porque são enormes a energia, os sentimentos positivos, o amor, o interesse e o cuidado que vêm desses amigos, assim como da minha família. Como estou tão limitado nos meus movimentos, eles me trazem o mundo. Trazem a si mesmos. Como me trazem o mundo, eu de certo modo posso sair.

Tomo cuidado para não fazer exigências excessivas às pessoas. Isso porque quero que meus parentes e amigos possam levar suas vidas normais tanto quanto possível. Não me incomoda o fato de eu pedir algo e eles se recusarem. Procuro captar com que bagagem a pessoa está chegando. Antes de pedir qualquer coisa a alguém, leve em consideração se a pessoa tem um pai idoso, se tem crianças para cuidar, dificuldades no trabalho, problemas conjugais ou outras responsabilidades. Pode ser que essa pessoa já esteja "atolada", como se diz.

Saiba que seus parentes e amigos podem considerar que você está menos incapacitado do que realmente está por desejarem que você esteja "melhor". Eles têm essa necessidade porque gostam de você. Aceite esse fato e ao mesmo tempo procure transmitir suas verdadeiras condições atuais sem impô-las a eles.

Meus amigos, parentes e assistentes, todos têm uma tendência a segurar a caixa de lenços de papel longe demais quando lhes peço um lenço. Eles automaticamente a mantêm a uma certa distância, que agora está fora do meu alcance, porque minhas mãos estão fracas demais. É claro que eles trazem a caixa mais para perto quando peço, mas o fato é que eles ainda não se deram conta do quanto meus braços estão deteriorados. Com esse pequeno gesto, eles estão me dizendo: "Nós achamos que você está bem melhor. Parece até que voltou às condições em que se encontrava há duas semanas, não, há quatro semanas." Sei que para eles é difícil aceitar as alterações, porque até mesmo para mim é difícil lembrar. Às vezes, estendo a mão, pensando que vou pegar o lenço, e vejo que não consigo. Reconhecer essas mudanças é, porém, mais fácil para mim do que para as pessoas ao meu redor, porque eu as estou vivenciando repetidamente. Os outros querem que eu seja mais capaz do que sou; querem acreditar que eu ainda consigo fazer todas as coisas que costumavam me ver fazendo no passado. Por isso, quando lhes digo que não consigo alcançar o lenço de papel, eles aproximam a caixa, mas na próxima vez cometem o mesmo engano. É assim que eu sei que não aceitaram totalmente meu patamar atual. Cada vez que preciso pedir que tragam a caixa mais para perto, eu me lembro de que, com o tempo, eles vão perceber o meu nível atual de disfunção, exatamente como eu me dei conta dele.

Que o afeto, o amor, a preocupação,
o interesse, a admiração e o respeito dos outros
sejam suficientes para lhe propiciar serenidade.

As pessoas chegam com seu amor, seu afeto e seu desvelo, mas nem sempre é fácil ser receptivo. Vejamos um exemplo. Às vezes, as pessoas me dizem: "Você está ótimo" ou "Você está luminoso, angelical". E eu digo a mim mesmo: "Quem, eu? Você está se referindo a mim? Sou um homem doente." Mas essa atitude não está certa. Elas estão compartilhando comigo a experiência que têm de mim, e eu deveria me abrir para essa experiência, mesmo quando ela está em contradição com a minha sensação atual. Digo a mim mesmo para deixar entrar todas as coisas positivas. Não se pode impedir que os fatos negativos em termos físicos ocorram, porque eles são inevitáveis, mas pode-se tomar a decisão de aceitar tudo o que for positivo quando surgir. Esses momentos de carinho ajudam a nos fortalecer e fazem com que permaneçamos nos sentindo mais tranqüilos e em paz.

A GENEROSIDADE CONSIGO MESMO

Sejamos amorosos, compassivos e delicados com nós mesmos. Amparemos a nós mesmos. Não nos menosprezemos nem nos critiquemos continuamente.

Creio que muitas pessoas se maltratam e se castigam emocionalmente por não se acharem "suficientemente boas" ou por não terem feito o suficiente. Elas se censuram por não atingirem suas próprias expectativas ou as expectativas de alguma outra pessoa. Por não terem tomado um caminho diferente na vida. Por não terem conseguido notas melhores na escola ou um emprego melhor.

Há muitos motivos pelos quais podemos ser pouco generosos com nós mesmos e continuar a nos atormentar. No entanto, isso simplesmente não é benéfico, em especial quando estamos doentes.

Quando estamos doentes, é fácil sentir um desagrado por nós mesmos, sentirmo-nos responsáveis pela doença ou termos a impressão de que estamos sendo punidos e, portanto, merecemos estar doentes. Podemos pensar que não temos mais utilidade como pessoas porque estamos doentes. Quando entramos nesse estado de espírito, continuamos a ser cruéis com nós mesmos e a nos ferir de maneiras das quais nem nos damos conta.

É muito importante sermos generosos e carinhosos com nós mesmos. Você é o único "eu" de que dispõe, por assim dizer. Dê-se apoio da mesma forma como age com delicadeza e compreensão em relação aos outros. Se você conseguir lamentar-se, aceitar-se e perdoar-se – estará dando o primeiro passo nessa direção.

A nossa cultura nos leva a um permanente estado de competição em todos os setores da vida. Se alguém vence, alguém tem de perder. Por isso, você se critica, você se menospreza por não ter se saído melhor, por não ter vencido, por não estar em primeiro lugar. Mas o que há de errado com o segundo lugar ou com o terceiro? Deveríamos parar de nos avaliar dessa forma, pois ela prejudica nosso estado emocional e físico. Cada vez que você pensar em algo negativo a seu respeito, pense também em algo positivo. Pense em algo bom. Pense em modos de agir com mais delicadeza e atenção com o seu próprio eu.

Ao sermos bondosos com nós mesmos, somos um pouco como pais conosco, exercendo a paciência, o estímulo e a generosidade que provavelmente recebemos dos nossos pais quando crianças, ou que procuramos dar para nossos filhos. Uso as lembranças que tenho da minha madrasta como um dos meus modelos para ser generoso e protetor.

Depois que meu pai se casou pela segunda vez, nós ainda éramos pobres, mas nossas vidas ficaram muito mais ricas em termos emocionais. Minha madrasta não tinha filhos e adorava a mim e a meu irmão. Ela foi uma parte essencial da minha vida, e eu a amava muito. Foi minha salvadora, uma pessoa muito amorosa e digna. Dela recebi muitas das minhas idéias éticas: seja honesto, seja franco, seja gentil com os outros, interesse-se pelos outros. E eu aplico os princípios amorosos que aprendi com ela ao modo como trato a mim mesmo.

Descubra modos de manter sua privacidade interior mesmo quando sua privacidade estiver sendo invadida pelas suas necessidades exteriores.

Quando se está doente, a privacidade passa a ser uma mercadoria valiosa por ser tão rara. À medida que vou me deteriorando cada vez mais, tenho de sofrer mais invasões à minha privacidade.

Como necessito de acompanhantes as vinte e quatro horas do dia, sempre há alguém por perto. Meus acompanhantes são cheios de consideração. Quando quero privacidade, eles me deixam sozinho. No entanto há ocasiões em que eu gostaria de privacidade. Embora eu conseguisse me alimentar quando comecei este livro, cheguei agora a um ponto em que não me é possível sentar e fazer uma refeição sozinho. E assim tenho de ser alimentado.

Quando falo em privacidade, estou me referindo a ter tempo para estar comigo mesmo e em comunicação comigo mesmo. Se outras pessoas estiverem por perto, fica mais difícil fazer isso. E creio que todos nós precisamos desse tempo para descobrir a quantas andamos, o que sentimos, no que pensamos e como nos relacionamos com o mundo. Por isso, o que preciso fazer é desenvolver um espaço interior. Meu espaço particular onde se encontram meus pensamentos e emoções. Meu espaço particular para meditação e contemplação.

Quando estamos doentes, podemos ter maior liberdade
para ser quem realmente somos e queremos ser
porque agora não temos nada a perder.

Embora você possa estar velho ou doente, não é tarde demais para fazer um inventário e se perguntar se de fato é a pessoa que quer ser e, se não for, quem você quer mesmo ser.

Martin Buber, um filósofo judeu, escreveu um livro poético de ensinamentos espirituais intitulado *I and Thou* (Eu e Tu), no qual tentou retratar um tipo de relacionamento ideal. Compreendi que o relacionamento Eu-Tu quer dizer que você e eu podemos ter uma relação recíproca sem perder nossa individualidade. Levei esta reflexão mais longe: você deve descobrir quem é destinado a ser e deve entrar em contato com um anseio interior ou com uma sensação de si mesmo para saber qual é seu potencial e o que você poderia vir a ser. Se conseguir isso, procure realizar esse potencial – qualquer que ele seja.

Estou dizendo que podemos fazer isso mesmo no último ano da nossa vida. Na realidade, pode ser mais fácil fazer mudanças porque agora usufruímos da liberdade de não ter nada a perder. Portanto, se quisermos ser mais generosos e compassivos, precisamos começar desde já a ser mais generosos e compassivos. Se quisermos ser uma pessoa meditativa, devemos começar a meditar. Quais eram as qualidades pelas quais mais ansiávamos quando éramos mais jovens ou quando estávamos bem de saúde? Esta é a hora de trabalhar para nos transformarmos no tipo de pessoa que gostaríamos de ser.

LIDANDO COM SUA MENTE E COM SUAS EMOÇÕES

Procure compensar a perda de controle de partes do seu corpo aumentando o controle sobre sua mente e suas emoções.

Uma doença prolongada pode ser devastadora para suas emoções. O segredo está em aprender a direcionar suas emoções, em vez de se deixar levar de um lado para o outro por seus sentimentos instáveis.

Não podemos controlar nossas emoções apenas pela força de vontade ou determinando que é isso o que queremos. Se você um dia tentou abandonar algum hábito como o de roer as unhas, sabe que não se consegue com a ordem "Pare de roer as unhas". É preciso entender em nível emocional o motivo pelo qual estamos tendo determinado comportamento e qual é o objetivo do que estamos fazendo. Às vezes, temos conhecimento consciente disso e às vezes sabemos disso inconscientemente.

Direcionar nossas emoções envolve a elaboração emocional das questões que enfrentamos. Exige ter suficiente espaço emocional, por assim dizer, para lidar com essas questões sem nos deixarmos dominar por elas. Com "espaço emocional" quero dizer que não estamos atrelados a uma forma específica de sentir e de pensar, que podemos enxergar alternativas e estabelecer relações com elas. Podemos exercer uma influência considerável sobre as nossas emoções quando reconhecemos que podemos fazer escolhas emocionais.

No capítulo 4 falei sobre a diferença entre uma atitude tomada em resposta e uma reação. Quando alguma coisa acontece, geralmente temos uma reação espontânea que não podemos controlar. Se alguém nos der um tapa, podemos ficar com raiva. Se alguém falar mal de nós, provavelmente ficaremos magoados. Se alguém disser que somos uma pessoa maravilhosa, certamente ficaremos felizes. Essas são reações. Quando elas acontecem, somos capazes de dar um passo atrás e dizer: "Não quero reagir desse modo." É claro que a probabilidade de dizermos isso em situações positivas é menor do que em situações negativas.

Poderíamos decidir que não queremos nos sentir magoados porque isso dá à outra pessoa um certo grau de controle sobre nós – o poder de nos forçar a sentir ressentimento. Quando quero mudar minha atitude em resposta a alguma coisa, procuro compreender por que reajo dessa forma. Eu me pergunto: "Por que estou tão magoado? Que importância tem isso afinal? Ora, se ele ou ela disse algo cruel a meu respeito, o problema é dele ou dela, não meu." A intenção é tentar ganhar mais controle sobre a atitude a ser tomada a partir da nossa reação emocional.

Sei que direcionar suas emoções não é fácil, e você pode precisar da ajuda dos que estão à sua volta. Vou lhe dar um exemplo. Venho recebendo muitas cartas e cartões desde que as pessoas souberam que adoeci. Às vezes, eu me reunia com um pequeno círculo de parentes e amigos íntimos e eles me ajudavam a responder minha correspondência.

Uma dessas cartas era de um casal que estava afastado de mim havia muitos anos. Francamente, não me importei muito com a carta e, por isso, não quis respondê-la.

– E onde está aquele "coração compassivo"? – perguntou um dos meus filhos.

– E onde fica minha honestidade? – retruquei.

– E por que não mudar seus sentimentos com relação a eles?

Graças ao meu filho, eu de fato mudei meus sentimentos a respeito dos amigos afastados, e isso me permitiu avançar mais na direção de abrir meu coração.

Sejamos testemunhas de nós mesmos.
Atuemos como observadores dos nossos
próprios estados físicos, emocionais,
sociais e espirituais.

Quando estamos passando por uma experiência e ela é significativa ou envolvente em termos emocionais, costumamos ficar imersos nela. Às vezes, a experiência é tão empolgante que somos totalmente dominados: concluímos ser impossível parar de pensar nela. Quando estamos doentes, precisamos aprender a ser tanto participantes quanto observadores daquilo que está acontecendo conosco. No meu caso, eu havia desenvolvido essa capacidade ao longo de alguns anos quando fui pesquisador no Chestnut Lodge Sanatorium, onde observei e analisei interações entre pacientes e a equipe de atendimento para um projeto sobre doenças mentais. Estava claro que eu precisava de um certo distanciamento com relação aos pacientes que estava observando, ou eu mesmo enlouqueceria. Aos poucos, desenvolvi o sentido de ficar de fora, apenas observando o que acontecia, apesar de os próprios acontecimentos serem extremamente comoventes em termos emocionais. Houve uma hora em que consegui quase simultaneamente observar o que estava acontecendo e vivenciar o acontecimento.

No entanto, não é necessário ser um profissional para desenvolver o distanciamento e a auto-observação. Também aprendi a auto-observação com a terapia. Todo o objetivo da psicoterapia, bem como da psicanálise, consiste em ficar de fora e examinar nossa forma repetida de agir e pensar. Em seguida, podem-se mudar alguns modelos e aceitar outros. O sucesso depende da capacidade de dar um passo atrás e analisar nosso eu interior.

Outro meio ao qual venho recorrendo para me tornar mais observador de mim mesmo e alcançar um distanciamento adequado é o da meditação. Quando meditamos, percebemos os sentimentos, pensamentos e sensações que nos passam pela mente e nos desapegamos deles para perceber os seguintes. Desse modo, estamos numa posição constante de testemunha do que está acontecendo conosco.

Ter algum distanciamento daquilo que está acontecendo não quer dizer que deixamos de viver plenamente a experiência. O segredo e a realização consiste em conseguir as duas coisas, seja de modo simultâneo, seja sucessivo. Às vezes, não podemos ter os dois ao mesmo tempo. É preciso esperar até mais tarde, quando podemos pensar a respeito e nos fazer perguntas. O que aconteceu naquela hora? Como posso me distanciar daquilo? O que posso aprender com isso?

Podemos fazer isso de várias maneiras. Uma delas consiste em tentar ficar de fora como se fôssemos outra pessoa e olhar para nós mesmos através dos olhos dessa pessoa. Isso se chama "assumir o papel do outro". George Herbert Mead, em seu livro *Mind, Self, and Society* (A mente, o eu e a sociedade – um texto importante para mim na universidade), propunha esse tipo de técnica de empatia ou de "assumir o papel" já na década de 1930. Sentimos como a outra pessoa se sente quando nos colocamos no lugar dela. Vou mostrar-lhes como se pode dar um passo atrás e assumir o papel do outro ao olhar para nós mesmos, como se fôssemos outra pessoa.

Olho para mim mesmo e às vezes vejo uma pessoa inválida, alguém que precisa de muita ajuda. Às vezes, vejo um velho sábio. Mas também olho para o que está acontecendo comigo como se estivesse acontecendo com outra pessoa. Costumo dizer: "Se outra pessoa estivesse passando por isso, como seria?" Ao projetar minhas experiências para fora, deixo de estar plenamente identificado com o processo subjetivo da minha doença.

Outro modo de me distanciar ou de testemunhar o que está acontecendo comigo consiste em fazer anotações. Quando se escreve, ganha-se objetividade. Portanto, se eu escrever sobre minhas aflições, minhas dores e meus distúrbios, posso ficar de fora de mim mesmo. Um sintoma passa a ser algo que sou capaz de analisar e sobre o qual posso pensar, em vez de ser uma experiência estritamente subjetiva. Se um momento for especialmente entristecedor ou doloroso, talvez seja difícil conseguir me distanciar dele. Em geral, porém, sou capaz de obter alguma perspectiva de muitos dos principais acontecimentos relacionados à minha doença quando consigo me desapegar deles.

O distanciamento também pode ser alcançado quando a pessoa é levada para outro lugar. É isso o que a meditação faz – ela faz com que sua mente vá para outro espaço ou para uma realidade alternativa. A oração produz esse efeito para algumas pessoas.

Quero deixar claro que não estou sugerindo que devamos evitar vivenciar o que estamos vivenciando. Se estamos com raiva, frustrados, desgostosos, magoados, desesperançados, seja lá como estivermos, devemos nos permitir sentir essa realidade – mas sabendo também que podemos nos desapegar dela. Se você não se permitir vivenciar realmente o que está acontecendo, não ficará claro do é que você está se desapegando.

Aceite suas dúvidas quanto à sua capacidade
de realizar qualquer mudança no seu
estado emocional. Mas não desista.
É possível que você se surpreenda.

Todos nós temos dúvidas a respeito da tentativa de realizar mudanças, especialmente quando há emoções envolvidas. Quando temos dúvidas, costumamos nos entregar à dúvida, em vez de duvidar dela.

Talvez nossas dúvidas possam ser alteradas ou talvez nossas incertezas não sejam tão fortes quanto pensamos. Tenho um amigo na casa dos cinqüenta anos que duvida que possa morar sozinho. Eu sei que ele pode. E tenho a impressão de conhecê-lo melhor sob esse aspecto do que ele mesmo se conhece. Já lhe disse que duvido da força das suas dúvidas, mas para ele é muito difícil aceitar isso. Mesmo assim, ele já evoluiu um pouco no tocante a esse ponto, porque sua confiança nas minhas percepções profundas lhe permitiu questionar suas dúvidas a respeito de si mesmo.

Se não desistirmos de tentar lidar com nossas emoções, talvez cheguemos a nos surpreender com o fato de que algumas coisas mudam, mesmo quando não esperávamos que mudassem. Por exemplo, eu costumava sentir uma certa mágoa e me irritar muito com pessoas que eu esperava que fossem mais receptivas e atenciosas comigo depois que adoeci. Eu começava a pensar nelas de forma negativa. Passei então a dizer para mim mesmo: "Olhe, elas têm que levar suas vidas, e você deveria poder aceitar o fato de que elas dão o quanto podem ou o quanto querem." Quando encarei as coisas dessa perspectiva, não me senti tão magoado nem irritado. Em vez disso, fiquei grato pelo que elas conseguiam fazer.

Obter o controle total das nossas emoções não é uma meta realista ou aconselhável. A persistência é o que importa – o esforço deve ser considerado um exercício que nos fortalece. Não o encare de um modo obsessivo ou exageradamente ansioso, mas com calma e determinação. Diga a si mesmo: "É a isso que quero me dedicar e vou tentar descobrir formas de lidar com isso."

Poderia ser útil examinar o princípio de psicologia do filósofo

William James. Ele era contrário à sabedoria convencional do seu tempo. Antes da virada do século passado, acreditava-se que, se a pessoa tivesse um determinado sentimento, ela agiria de acordo com ele. James virou esse conceito pelo avesso afirmando que, se a pessoa agisse de certo modo, talvez tivesse o sentimento correspondente. Para mim, as duas versões funcionam. Se a pessoa agir com amor e generosidade, ela talvez se sinta assim. O outro aspecto é que, se a pessoa agir com amor ao lidar com alguém, esse alguém provavelmente retribuirá com amor.

Tenha esperanças, mas não esperanças tolas.

Quando descobrimos que estamos com uma doença grave, naturalmente esperamos que não seja tão grave quanto parece ser ou quanto nos disseram que é. Pode ser que tenhamos acreditado na própria esperança e descubramos que nossas expectativas estão totalmente fora da realidade. Por outro lado, ninguém quer sentir que não tem esperanças. Seria loucura imaginar que haverá uma cura para a ELA a tempo de me salvar, mas é realista esperar que minha ELA atinja um certo patamar ou que desacelere. Posso ter esperança de continuar a ser uma pessoa positiva e útil por mais algum tempo.

A coragem é um fenômeno muito interessante. Creio que eu não teria previsto que conseguiria lidar com minha doença como consegui. Nunca fui uma pessoa muito corajosa em termos de lidar com a dor física. Se eu estivesse numa câmara de torturas e meus inquisidores quisessem uma confissão, provavelmente confessaria rapidinho. Quando meus filhos eram pequenos, eu ficava um pouco ansioso se acontecesse qualquer coisa a um deles, mesmo que não fosse nada grave.

Lidar com dignidade com a dor ou com acidentes físicos exige um tipo de coragem. Encarar a vida como ela é e aceitá-la exige outro tipo. Acho que desenvolvi um pouco desse tipo de coragem ao longo dos anos, especialmente neste último ano. Fui conquistando coragem ao procurar a ponderação, a generosidade de coração, o desapego e outras atitudes que permitem uma vida serena e uma resposta tranqüila à doença. Tudo isso me proporciona uma sensação de paz interior e me ajuda a manter minha dignidade, meu bom humor e meu moral elevado. Isso contribui para eu ter a sensação de que sou uma boa pessoa e que mereço ter tranqüilidade. Espero poder continuar desse modo até o final para morrer com paz interior.

Desenvolvendo uma ligação espiritual

Se possível, descubra e desenvolva um vínculo e uma prática espiritual que sejam um conforto para você.

Todo mundo tem seu próprio modo de lidar com as questões fundamentais da vida. Como chegamos aqui, para começo de conversa? Qual é o significado da nossa existência? Qual é o relacionamento humano com a natureza? Essas são questões muito intrigantes, para as quais estou tentando descobrir as respostas. Poderíamos explicar parte disso em termos científicos, mas eu não acho que essa resposta seja completa. Creio estar claro que alguma força superior existe. Não sei como chamá-la, mas é algo poderoso.

Fui criado na tradição judaica. Para mim era líquido e certo que Deus existia, e naturalmente era o Deus do judaísmo. Um dia, quando eu tinha uns dezesseis anos, estimulado por uma professora da escola hebraica, eu estava lendo sobre Freud e conversando com ela sobre ele. Ela disse que Freud acreditava que Deus era uma figura paterna, e eu disse a mim mesmo ou talvez a ela: "Já tenho um pai. Não preciso de substituto." Ela disse que a interpretação estava errada. Era uma interpretação psicanalítica, não religiosa. Fosse como fosse, apesar dos seus argumentos, tornei-me agnóstico.

Eu havia pertencido a uma sinagoga ortodoxa e já estava começando a perceber que seus ensinamentos não significavam nada para mim, no sentido de que não proporcionavam uma sensação de santidade, de espiritualidade. As pessoas se movimentavam e resmungavam palavras em hebraico que eu não entendia. Não havia nenhuma ligação com Deus que eu pudesse sentir. Eu achava que se tratava simplesmente de um ritual e descobri que não gostava mais de participar de rituais. É claro que os rituais podem ser transformados em realidade, mas eu não fazia essa conexão.

Minha rejeição da fé judaica ocorreu mais ou menos na época em que Hitler chegou ao poder em 1933. Hitler e o subseqüente Holocausto dificultaram para mim a possibilidade de acreditar em Deus. Lembro-me de ouvir Hitler gritando sua mensagem venenosa pelo rádio, e aquilo me fazia tremer. Mais tarde, quando soubemos do que estava acontecendo aos judeus na Europa Oriental, era para mim difícil acreditar num Deus Todo-Poderoso. Se ele existia, como poderia permitir que isso acontecesse? Agora, muito tempo depois, descubro-me fascinado pelo misticismo judaico e estou lendo a respeito de um movimento de cuja existência só soube recentemente.

Descubra o que é divino, santo ou
sagrado para você. Dedique-se a ele,
cultue-o ao seu próprio modo.

Há cerca de dez anos, fiquei insatisfeito com o agnosticismo. Eu queria a espiritualidade na minha vida, e decidi que a meditação parecia ser uma prática espiritual que se adequava aos meus princípios.

Ganhei muito com a meditação, embora eu não seja admirável nessa atividade e não a pratique todos os dias. Medito sentado, prestando atenção à minha respiração e observando de instante a instante o que está acontecendo. É uma forma de meditação que tem sido um reforço enorme para minha abordagem psicológica e sociológica ao lidar com o fato de estar fisicamente doente.

Minha predisposição aos princípios da meditação remonta a muitos anos atrás, a Krishnamurti, um filósofo indiano que conheci em 1949 ou no início da década de 1950. Como meu analista tinha interesse por ele, fui ouvi-lo quando veio a Washington e fiquei impressionado.

Estava provavelmente na casa dos cinqüenta. Parecia muito magro, sério, com cabelos grisalhos e rosto severo.

Na sua opinião, devemos questionar todos os nossos pressupostos a respeito da vida e do viver – a respeito da natureza dos nossos relacionamentos, da nossa sociedade, de nós mesmos, do que esperamos e aceitamos. O mundo não é estático. O que pensamos e fazemos não é a mesma coisa que as pessoas pensavam e faziam há um século.

Mesmo nosso sentido do que a realidade é muda com o tempo. Por exemplo, o automóvel como bem pessoal é um conceito que nós desenvolvemos. Não há nenhuma lei da natureza que determine que temos de nos locomover em carros, ou que os indivíduos devem ter seus próprios carros. Se todos concordarem que os carros não são mais necessários, logo ninguém mais terá, fabricará ou usará um carro. Será o fim da história do automóvel.

Vejam com que velocidade e abrangência nosso conceito do mundo se alterou quando lançamos a bomba atômica. De repente, percebemos que toda a humanidade pode ser erradicada num instante, se algumas centenas de pessoas decidirem que é isso o que elas querem fazer com as bombas que estão à sua disposição. Criamos um sentido diferente da solidez do mundo. Quando se faz esse tipo de colocação, pode-se perceber o que Krishnamurti pretendia transmitir. Embora ele não tenha usado essas palavras, estava nos pedindo que observássemos as formas cruéis com que lidamos uns com os outros. Vejam como somos cruéis. Vejam como somos assassinos. Como somos desumanos uns com os outros. Por que temos esse tipo de comportamento? E ele dizia que cada indivíduo tem de chegar a essa percepção por si mesmo – é disso que trata o caminho para a revelação.

A meditação me ajudou a me sentir mais calmo e mais centrado à medida que lido com a doença e encaro a morte. No entanto, é provável que eu tivesse chegado ao mesmo estado sem ela, porque eu não teria parado de procurar meios para conseguir a paz interior. Pessoas de todas as fés religiosas sempre recorreram à oração em busca de serenidade e consolo, que podem ser um grande alívio especialmente em tempos de doença e de morte. Mesmo que você já tenha um forte alicerce espiritual, você sempre pode se beneficiar de uma ajuda a mais para lidar com o estresse de uma doença grave. Técnicas de relaxamento ajudam muitas pessoas a se manterem equilibradas quando estão angustiadas. A psicoterapia também pode ser valiosa, já que se destina a ajudar as pessoas a se sentirem ligadas à vida ou em sintonia com ela. E pode haver ocasiões em que medicamentos sejam necessários para ajudar a pessoa a recuperar seu equilíbrio emocional ou a mantê-lo.

Não existe uma fórmula única que funcione para todos. Não pare de procurar até encontrar o caminho que é adequado para você.

Procure as respostas para as questões
eternas e essenciais sobre a vida e a morte,
mas prepare-se para não encontrá-las.
Usufrua da busca.

Quando estamos doentes, é hora de examinar questões essenciais: o mistério do nascimento e da morte, o significado da nossa existência neste planeta, o destino da espécie humana, as condições que criaram um universo harmonioso, o que significa ser plenamente humano, a natureza do espírito e da alma.

Meu amigo Jack Seeley, que esteve comigo em Brandeis no final da década de 1960, telefona para mim todas as semanas de Los Angeles. Numa das suas ligações, ele disse que queria me transmitir uma mensagem porque sabia que eu estava nessa busca espiritual, e ele havia encontrado um espaço para desenvolver sua própria espiritualidade. Ele disse: "Aqui é Deus falando e ele está dizendo: 'Você não estaria me procurando se já não tivesse me encontrado.'" Essa é uma afirmação profunda. O fato de você estar procurando significa que já estabeleceu uma ligação espiritual. Você não estaria procurando alguma coisa se não acreditasse que ela existisse para ser encontrada. A fé consiste essencialmente em acreditar.

Alguns dos meus amigos não param de me perguntar por que eu me preocupo com a busca da espiritualidade.

– Morrie, você já é uma pessoa espiritualizada – disse-me minha professora de meditação. – Você é compassivo, amoroso, generoso e consciente de muitas coisas. Uma pessoa espiritualizada é assim.

– Eu digo que isso é verdade, mas que quero um sinal espiritual. Quero um reconhecimento espiritual.

Ela responde:

– Talvez haja sinais por toda parte, mas você não os reconheça.

Outro amigo questiona:

– Será que não basta como sinal o fato de você ser capaz de usar sua doença para ajudar os outros? Será que foi só por acaso que você teve essa doença terrível e fez dela algo criativo? Será que isso não é sinal suficiente de que alguma força está acenando para você, dizendo que esta é sua última missão?

Se eu me sinto frustrado por não ter a experiência de unidade espiritual que procuro? Não, ela é algo que gosto de visualizar, algo que gostaria de ver acontecer. Se de fato acontecesse, eu a sentiria, e ainda não senti. Muitas pessoas me dizem que passaram por essa experiência, que têm uma ligação com Deus ou com uma força superior. Acho que está na hora de eu me abrir para essa possibilidade, mas não estou frustrado nem decepcionado por ainda não ter acontecido comigo.

Refletindo sobre a morte

Alimente o pensamento e o sentimento de que a distância entre a vida e a morte pode não ser tão grande quanto você imagina.

Morrer é natural. Quando nascemos, firmamos um contrato (não importa se sabíamos disso ou não) de que iríamos morrer. E o fato de fazermos tamanho escarcéu a respeito da morte e de nos sentirmos tão desesperados a seu respeito demonstra que não nos encaramos como parte da natureza. Achamos que, por sermos seres humanos, somos algo separado da natureza. E não somos. Tudo o que nasce morre. Portanto, é nisso que estou trabalhando, na aceitação dessa idéia simples mas muito profunda.

Minha professora de meditação me disse no outro dia algo que me deixou perplexo.

– Morrie, talvez fosse bom reconsiderar sua visão da vida e da morte. Talvez a distância entre a vida e a morte não seja tão grande quanto você pensa.

– Você está querendo dizer que não é um abismo, duas montanhas e aquele grande vale no meio? Você quer dizer que é só uma pequena ponte atravessando um rio estreito? – eu perguntei.

Eu sempre havia pensado na vida e na morte como estados separados do ser. É muito difícil, pelo menos eu achava difícil, compreender que elas podem não ser assim tão separadas.

– Você tem a mente aberta – disse ela. – Pense nisso de algum modo alternativo. Veja aonde o pensamento o leva.

Seja grato por lhe ter sido concedido o tempo necessário para aprender a morrer.

A morte é um ato tanto pessoal quanto comunitário. Eu tenho uma família amorosa e muitos amigos carinhosos que foram reunidos por esse trágico acontecimento, minha doença e minha morte iminente. O que estamos fazendo é cuidar uns dos outros. Eu me mantenho em contato com eles, e eles, comigo.

Eles me visitam com regularidade e nós conversamos sobre o que está se passando no mundo, sobre o que está acontecendo conosco em termos espirituais. Compartilhamos nossos sentimentos carinhosos. Choramos uns com os outros. Conversamos sobre como temos sido importantes uns para os outros. Nós nos tocamos e nos abraçamos.

Eles me dizem que adoram vir aqui porque estão aprendendo muito comigo sobre como ter coragem quando se está morrendo. Evidentemente, é para eles muito encorajador e inspirador ver como estou vivendo. Suas expectativas também me ajudam e me inspiram.

Todos nós sabemos que estamos morrendo. A cada dia estamos nos aproximando mais da nossa morte. A melhor maneira de lidar com esse fato é viver de uma forma consciente, compassiva e amorosa.

Muitas pessoas perto da hora da morte disseram a mesma coisa, e eu creio que há nela muita verdade. Não espere até estar no seu leito de morte para reconhecer que esse é o único modo de viver. Citando Stephen Levine: "O amor é o único ato racional." Os Beatles disseram o mesmo: "O amor é tudo de que você precisa." W. H. Auden também: "Amem-se ou pereçam." Muitos outros, Jesus inclusive, afirmaram a mesma coisa, mas nós não damos ouvidos.

Por que não damos ouvidos? Nossos egos estão sempre se intrometendo, dizendo: "Eu, eu primeiro – não se preocupe com o outro." Precisamos nos dar conta de que devemos ser responsáveis uns pelos outros e para com os outros. Esse é o ato mais amoroso que podemos realizar.

Inclua um amigo ou mais de um
na sua busca espiritual. Talvez o caminho
até a ligação espiritual lhe pareça menos difícil.

Alguns amigos e eu temos um grupo que chamamos de Grupo de Estudo da Morte e da Espiritualidade, e nos dedicamos com afinco à questão de como obter uma ligação espiritual e uma orientação espiritual que combine com cada um de nós. Lutamos com questões como as seguintes: existe uma alma? Existe vida após a morte? Existe a reencarnação? Existe alguma coisa que continua depois que se morre?.

Digo que não faz diferença quais sejam as respostas desde que se esteja ganhando muito com o processo da busca. Além disso, no que diz respeito ao que acontece após a morte, o que tiver de ser será, quer acreditemos, quer não. O que estou tentando fazer, nessa comunidade de amigos e em geral, é abrir as pessoas, tocá-las em seus pontos ternos e compassivos, para que possamos reconhecer nossa humanidade comum.

Mesmo que você não tenha um grupo formal, pode perguntar a um parente ou amigo se gostaria de se reunir regularmente com você para conversar. Nunca falta assunto para conversa quando nos concentramos nas questões espirituais. Aprendi muitas coisas, especialmente em debates com uma única pessoa ou em pequenos grupos, onde podemos realmente falar do fundo do coração. E quando se tem uma conversa íntima, qualquer assunto que surja é bom, porque não são só as palavras que têm importância, mas a sensação de entendimento e empatia. Nós nos reunimos e compartilhamos nossos pensamentos e sentimentos – é isso o que esse grupo significa para mim.

Quando se chega aonde estou, aprecia-se a crua verdade da afirmação budista de que "quando jovens, todos sabem que vão morrer mas não acreditam". Quando se está encarando a morte, acredita-se.

Estamos todos no mesmo barco, e ele vai afundar mais cedo ou mais tarde. Daqui a cento e dez anos ninguém que está por aqui continuará vivo. Quando se encara o fato a partir dessa perspectiva, pode-se ver como é absurdo que nos individualizemos com nossas cercas e bens acumulados, recusando-nos a reconhecer o que temos em comum.

Aprenda a viver e saberá morrer.
Aprenda a morrer e saberá viver.

A melhor preparação para viver bem e plenamente consiste em estar pronto para morrer a qualquer instante, porque a morte iminente torna claros os objetivos, aquilo que realmente importa para você. Quando sentimos que o fim está próximo, temos maior probabilidade de prestar bastante atenção àquilo que valorizamos, especialmente relacionamentos com as pessoas queridas.

As metas que estabeleci para mim mesmo a fim de me ajudar a permanecer sereno durante essa doença não são diferentes daquelas pelas quais a maioria de nós anseia desde a infância: comportar-se com coragem, dignidade, generosidade, humor, amor, franqueza, paciência e respeito por si mesmo. Quando estamos próximos da morte, não fica mais fácil atingir essas metas do que em outras etapas da nossa vida. A tentativa torna-se apenas mais urgente. E, quanto mais comprometidos estivermos com uma vida ética, menos teremos de temer que nossa vida chegue ao seu final.

Gostaria de encerrar com uma alegoria que minha professora de meditação me transmitiu. É uma história sobre uma onda.

Lá vem uma ondinha, que saltita no oceano longe da praia, na maior alegria. De repente, ela percebe que vai arrebentar na praia. Nesse oceano largo e imenso, ela agora está sendo levada na direção da praia e será aniquilada.

– Meu Deus, o que vai acontecer comigo? – diz a ondinha, com expressão amarga e desesperançada.

E logo chega outra onda, saltitante, na maior alegria. E a segunda onda fala com a primeira.

– Por que você está tão deprimida?

– Você não está entendendo – diz a primeira. – Você vai arrebentar naquela praia e não vai ser mais nada.

– É você que não está entendendo – diz a segunda. – Você não é uma onda, você faz parte do oceano.

É nisso que eu também acredito. Não sou uma onda, sou parte de toda a humanidade. Vou morrer, mas também vou continuar vivo. De alguma outra forma? Quem sabe? Mas acredito que faço parte de um todo maior.

Mitch Albom

A última grande lição

Cada um de nós teve na juventude uma figura especial que, com paciência, afeto e sabedoria, nos ajudou a descobrir dimensões mais profundas e a escolher nossos caminhos com maior liberdade. Para Mitch Albom, essa pessoa foi Morrie Schwartz, seu professor na universidade. Vinte anos depois, Mitch reencontra Morrie nos últimos meses da vida de seu velho mestre, acometido de uma doença terminal.

Durante 14 encontros, eles tratam de temas fundamentais para a felicidade e realização humana. É uma lição de esperança sobre o sentido da existência que transformou a vida do autor e que foi registrada nesse livro como uma dádiva de Morrie para o mundo.

As cinco pessoas que você encontra no céu

As cinco pessoas que você encontra no céu conta a história de Eddie, mecânico de um parque de diversões que morre no dia de seu aniversário de 83 anos tentando salvar uma garotinha. Imerso numa rotina de trabalho e solidão, ele passou a vida se considerando um fracassado. Ao acordar no céu, encontra cinco personagens inesperados que lhe mostram como ele foi importante.

Esse livro foi escrito para cada um de nós, pois freqüentemente nos sentimos frustrados e inúteis – assim como Eddie – por não termos realizado nossos sonhos. Ele nos faz lembrar que vivemos numa ampla teia de ligações e que temos o poder de mudar o destino dos outros com um pequeno gesto, e nos faz descobrir a importância da lealdade e do amor em nossas vidas.

Hugh Prather

Não leve a vida tão a sério

A vida não precisa ser tão complicada quanto insistimos em torná-la. A simples decisão de não se agarrar aos problemas pode melhorar – e muito – nossas vidas. É isso o que Hugh Prather nos mostra, com humor e clareza. Ele escreve sobre as dificuldades do dia-a-dia e nos dá ferramentas para contorná-las, mudando o que há de mais importante na vida: nossa atitude mental e a forma de reagir aos inevitáveis contratempos.

Como ser feliz apesar de tudo

Será que é possível ser feliz apesar de tudo? Na verdade, esse é o único jeito, como nos mostra Hugh Prather, com clareza e bom humor. O mundo não é perfeito – e nunca será. Não existe a menor chance de acabarmos com todas as coisas que nos incomodam. Então, de que adianta reclamar de tudo?

Lançando mão de histórias reais e do conhecimento que adquiriu em trinta anos de trabalho de aconselhamento, Prather nos faz rever a maneira como encaramos a vida e nos mostra como romper os padrões que nos impedem de aproveitar o aqui e agora.

Philip Gulley

Criando raízes

Criando raízes é um livro mágico. Suas histórias vão transportar você para a vida de uma pequena cidade, onde a fartura de tempo, tranqüilidade e segurança faz com que as pessoas e os acontecimentos comuns do dia-a-dia, para os quais geralmente damos pouca importância, ganhem significado, gosto e relevância.

É por essa capacidade de transformar o comum em extraordinário que Philip Gulley, um pastor quacre do interior dos Estados Unidos, se tornou tão admirado e querido por leitores do mundo inteiro. Suas histórias são fonte de inspiração para uma vida tranqüila, intensa, feliz e divertida.

Hal Urban

As grandes lições da vida

O que é essencial? Hal Urban responde a esta pergunta reunindo as vinte lições de vida que precisamos aprender para alcançar o sucesso e a felicidade. Sem propor fórmulas mágicas ou métodos fantásticos, ele nos fala de valores eternos, como respeito, bondade, honestidade, compromisso e trabalho duro, e nos ensina a dar valor ao que realmente é importante em nossa vida.

Elisabeth Kübler-Ross e David Kessler

Os segredos da vida

Depois de anos trabalhando com pacientes terminais, Elisabeth Kübler-Ross e David Kessler resolveram compartilhar as lições que aprenderam com esses grandes mestres – pessoas comuns que, em seus momentos finais, enxergaram com clareza o verdadeiro significado da vida e o que ela pode nos oferecer de mais precioso.

Harold Kushner

Que tipo de pessoa você quer ser?

Por que pessoas boas e decentes fazem coisas ruins? O que acontece quando a necessidade de nos considerarmos boas pessoas se choca com a de sermos reconhecidos como importantes? É possível fazer as duas coisas?

Nesse livro iluminado, Harold Kushner constrói a ponte entre essas duas necessidades aparentemente inconciliáveis com exemplos tocantes e significativos, extraídos de grandes obras da literatura, do cinema, de fatos cotidianos e, sobretudo, da história bíblica de Jacó, o trapaceiro que evoluiu até se transformar em um homem de Deus.

Roger Merrill e Rebecca Merrill

Questões fundamentais da vida

O trabalho é fundamental. A família é fundamental. O tempo é fundamental. O dinheiro é fundamental. Mas o verdadeiro desafio para quem deseja ter qualidade de vida é alcançar um grau satisfatório de sucesso em cada uma dessas áreas.

Muitas pessoas acreditam que é impossível se dedicar à família e, ao mesmo tempo, ser um excelente profissional. Nesse livro inovador, você vai descobrir como isso é possível, além de aprender métodos práticos que lhe permitirão transformar seu trabalho em uma fonte de excelência, priorizar os laços familiares, solucionar o dilema entre a necessidade de concentrar-se em uma tarefa e a de reagir ao que está ao seu redor e muito mais.

Eileen Campbell

Tempo de viver

Tempo de viver apresenta uma preciosa coletânea de citações extraídas das mais inspiradoras fontes do Ocidente e do Oriente. Uma notável e sensível abordagem de como grandes mestres espirituais, poetas, filósofos, religiosos, artistas e escritores de todas as épocas foram capazes de viver inteiramente no presente apesar das incertezas do futuro.

Suas reflexões nos ensinam também que é preciso coragem para nos desapegar do passado – esse é o caminho para nos concentrarmos no que o momento atual tem a oferecer e lançar as bases para um amanhã melhor.

CONHEÇA OS 30 CLÁSSICOS DA EDITORA SEXTANTE

O Código Da Vinci, *Anjos e Demônios* e *Fortaleza Digital*, de Dan Brown

Pais brilhantes, professores fascinantes, *Nunca desista de seus sonhos* e *Você é insubstituível*, de Augusto Cury

O monge e o executivo, de James C. Hunter

Um dia "daqueles", *O sentido da vida* e *Querida mamãe, obrigado por tudo*, de Bradley Trevor Greive

Por que os homens fazem sexo e as mulheres fazem amor?, de Allan e Barbara Pease

Os 100 segredos das pessoas felizes e *Os 100 segredos das pessoas de sucesso*, de David Niven

Enquanto o amor não vem, de Iyanla Vanzant

A última grande lição e *As cinco pessoas que você encontra no céu*, de Mitch Albom

A Dieta de South Beach, de Arthur Agatston

O ócio criativo, de Domenico de Masi

Não leve a vida tão a sério, de Hugh Prather

O Poder do Agora, de Eckhart Tolle

A vida é bela, de Dominique Glocheux

Palavras de sabedoria e *O caminho da tranqüilidade*, de Sua Santidade, o Dalai-Lama

Muitas vidas, muitos mestres e *Só o amor é real*, de Brian Weiss

Histórias para aquecer o coração, de Jack Canfield e Mark V. Hansen

Conversando com os espíritos, de James Van Praagh

Aprendendo a gostar de si mesmo, de Louise Hay

Mantenha o seu cérebro vivo, de Lawrence Katz e Manning Rubin

Aprendendo a silenciar a mente, de Osho

Informações sobre os próximos lançamentos

Para receber informações sobre os lançamentos da EDITORA SEXTANTE, basta enviar um e-mail para atendimento@esextante.com.br ou cadastrar-se diretamente no site www.sextante.com.br

Para saber mais sobre nossos títulos e autores, e enviar seus comentários sobre este livro, visite o nosso site: www.sextante.com.br

Editora Sextante
Rua Voluntários da Pátria, 45 / 1.404 – Botafogo
Rio de Janeiro – RJ – 22270-000 – Brasil
Telefone: (21) 2286-9944 – Fax: (21) 2286-9244
E-mail: atendimento@esextante.com.br